Frank Wehrheim | Michael Gösele

Inside Steuerfahndung

Dieses Buch ist den ehemaligen Steuerfahndern
Rudolf Schmenger, Marco Wehner
sowie Tina und Heiko Feser gewidmet.
Sie hatten den Mut bewiesen, gegen eine aus dem Ruder
laufende Finanzbehörde aufzubegehren.
Die vier Beamten wurden daraufhin für psychisch krank
erklärt und so zwangsweise aus dem Dienst entfernt …

Frank Wehrheim
mit Michael Gösele

INSIDE
STEUER
FAHNDUNG

Ein Steuerfahnder verrät erstmals
die Methoden und Geheimnisse der Behörde

Bibliografische Information der Deutschen Nationalbibliothek:
Die Deutsche Nationalbibliothek verzeichnet diese Publikation in der Deutschen Nationalbibliografie;
detaillierte bibliografische Daten sind im Internet über http://d-nb.de abrufbar.

Für Fragen und Anregungen:
Steuerfahndung@riva-verlag.de

2. Auflage 2011
© der Originalausgabe 2011 by rivaVerlag, ein Imprint der Münchner Verlagsgruppe GmbH
Nymphenburger Straße 86
D-80636 München
Tel.: 089 651285-0
Fax: 089 652096

Redaktion: Petra Holzmann, München
Umschlaggestaltung: Nele Schütz Design, München
Satz: HJR, M. Zech, Landsberg am Lech
Druck: GGP Media GmbH, Pößneck
Printed in Germany

ISBN 978-3-86883-105-4

Weitere Infos zum Thema finden Sie unter
www.rivaverlag.de
Gerne übersenden wir Ihnen unser aktuelles Verlagsprogramm.

INHALT

Inhalt

Inhalt

»*Die Berechnung der Einkommenssteuer
ist für einen Mathematiker zu schwierig;
dazu muss man Philosoph sein.*«

Albert Einstein

Manche Namen, Orte und Berufsbezeichnungen mussten geändert werden, um den Wiedererkennungswert der Fälle zu verhindern, andere nicht. Gleichwohl haben sich alle in diesem Buch beschriebenen Geschichten tatsächlich so ereignet.

Veranlagung –
Die Steuermoral eines Volkes

»Steuern sind Geldleistungen, die nicht eine Gegenleistung für eine besondere Leistung darstellen und von einem öffentlich-rechtlichen Gemeinwesen zur Erzielung von Einnahmen allen auferlegt werden, bei denen der Tatbestand zutrifft, an den das Gesetz die Leistungspflicht knüpft; die Erzielung von Einnahmen kann Nebenzweck sein.«

Das besagt § 3 der Abgabenordnung (AO).

Eine Geschichte, die mich und meine Kollegen in der Fahndungsstelle des Finanzamtes Frankfurt am Main V bei der Jagd nach Steuersündern immer wieder inspirierte, war, dass am Ende selbst ein Al Capone wegen Steuerhinterziehung belangt werden konnte. 200 000 Dollar Hinterziehung wurden ihm zur Last gelegt – neben einer Geldstrafe bekam er dafür elf Jahre Gefängnis in Alcatraz. Seine Spezialitäten wie Raub, Erpressung oder gar Mord waren ihm nicht zum Verhängnis geworden. Er, einer der größten Gangster des vergangenen Jahrhunderts, der im Übrigen mit seinen Waschsalons auch als Erfinder der »Geldwäsche« gilt, scheiterte schließlich am Finanzamt. Die akribische und hartnäckige Arbeit einiger unbestechlicher Steuerfahnder brachten den gefürchteten Mafiaboss zu Fall.

Natürlich mag man sich fragen, aus welchen Gründen ein Bürger rund die Hälfte seines Arbeitslohnes an ein diffuses Konstrukt wie den Staat abführen muss. Was überhaupt ist dieser Staat? In den Augen vieler Deutschen ist er nicht viel mehr als eine perfide Geldverschwendungsmaschinerie. Hochbezahlte Politiker, mit denen man in aller Regel unzufrieden ist, weil sie nur auf den eigenen Vorteil bedacht sind – oder auf den ihrer Spendenklientel. Faule Beamte, die für ihren geruhsamen Job am Ende ihres Arbeitslebens eine dicke Pension kassieren, für die sie nie einen Cent einbezahlt haben. Dazu kommen sinnlose Subventionen, Milliardensummen für eine Armee, die keiner braucht, Sozialleistungen für Arbeitsunwillige, protzige öffentliche Gebäude, Entwicklungshilfe, die totalitären Staaten die Rüstungskassen füllt, und Milliardenhilfen für das Versagen unseres Bankensystems.

Und dafür soll man nun sein hart erarbeitetes Geld verschenken? Geld, das mit etwas Menschenverstand betrachtet einem selbst gehört und das man eigentlich auch gut brauchen könnte, um in einem politischen System, das seine Bürger aufzufressen droht, adäquat über die Runden zu kommen. Wofür also Steuern zahlen und vor allem, warum derart viel? Diese Fragen beschäftigen einen Großteil unserer Gesellschaft. Und so mag es nicht verwundern, dass die meisten Menschen fortwährend Überlegungen anstellen, wie sie Steuern »sparen« können. Ein Unrechtsbewusstsein ist in diesen Fällen nur selten zu erkennen. Wer Steuern hinterzieht, weiß eines ganz genau: Er tut dies nicht alleine. Ob nun berühmte Tennisspieler, Schauspieler, führende Politiker wie Minister oder Kanzler oder gar ein Kaiser Steuern hinterziehen, man befindet sich stets in allerbester Gesellschaft. Und nicht nur dies: Der Nachbar tut es, der Unternehmer, der Handwerker im Dorf sowieso, der Gastwirt, der Zahnarzt und der Stadtrat – alle.

Steuerhinterziehung ist gesellschaftsfähig. Zum Leidwesen vieler verstößt sie zwar gegen das Gesetz, aber wem tut man denn wirklich weh? Die paar Euro, die man pro Jahr spart, können doch einem potenten Staat wie der Bundesrepublik nicht schaden! Das bisschen Schwarzarbeit, die kleine Nebeneinkunft, das unbedeutende Auslandskonto, die unauffällige Stiftung in Liechtenstein. Muss das ein Staat wie Deutschland nicht verkraften können? Ein Gebilde, das so ungeheuerlich viel Geld verschwendet und sich auch noch für Unsummen von Steuergeldern die natürlichen Feinde eines jeden Bürgers leistet – die Finanzbeamten. Diese Armee humor- und freudloser Spielverderber. Diese konformistischen Erbsenzähler, die Tag für Tag nichts anderes tun, als der hart arbeitenden Bevölkerung ihren persönlichen Besitz zu entreißen und sich zu allem Überfluss auch noch als Dienstleister bezeichnen.

So kann man das natürlich sehen. Ich selbst wurde in den vergangenen Jahrzehnten häufig gefragt, wie ich diesen moralisch zweifelhaften Beruf, der in der Öffentlichkeit ein miserables Ansehen genießt, überhaupt ausüben könne. Dabei fiel mir dann immer wieder ein, wie ungern ich eigentlich Gummistiefel trage. Und genau diese würde ich wohl brauchen, wenn unser Land nicht über eine gut funktionierende Kanalisation verfügen würde. Und ich musste an meine Kinder denken, die im Vergleich zu vielen anderen Ländern in sauberen, zeitgemäß ausgestatteten Schulen von ordentlichen Lehrern ausgebildet wurden. Mir fielen die vielen Tausend Kilometer Straßen ein, die unsere Fortbewegungsqualität in den vergangenen Jahrzehnten entscheidend verbessert haben. Krankenhäuser, Kindergärten, Sozialstationen kamen mir in den Sinn. Polizisten, Staatsanwälte und Richter, die dazu beitragen, dass wir nicht wie unsere Vorfahren beständig wie die Barbaren übereinander herfallen.

Und dann schwieg ich häufig. Ich ließ die Menschen, die meinen Beruf kritisch hinterfragen wollten, im Ungewissen und sagte einfach nichts mehr. Wohl wissend, dass ich, zumindest den Großteil meiner Karriere, als deutscher Steuerfahnder mit mir und meinem Arbeitgeber, dem Staat, im Reinen war.

Aber auch wohl wissend, dass wir Steuerfahnder bei der Ausübung unseres Berufes keine Unterschiede zwischen dem kleinen Mann von der Straße und dem großen Konzernchef oder dem führenden Politiker unseres Landes gemacht haben. Meine Kollegen und ich fühlten uns oft als Jäger – ohne Rücksicht auf das gesellschaftliche Ansehen des Gegners. Die Beute war in unseren Augen nicht als Opfer zu betrachten – unsere Widersacher waren vielmehr Täter. Bürger, die, aus welchen Motiven heraus auch immer, den Versuch unternommen hatten, den Staat um seine Steuereinnahmen zu betrügen.

Es war immer das gleiche alte Spiel: Die eine Seite versuchte ein Ausweichmanöver, während die andere alles unternahm, um diese Täuschung zu parieren. Ein Kampf, der seit Menschengedenken geführt wird. Waren es früher der Viehdieb und der Gendarm, sind es heute der Programmierer und das Antivirenprogramm, der Sportler und die Anti-Doping-Behörde, und: der Steuerzahler und die Fahnder.

Ich bin bei meinen zahlreichen Ermittlungen auf menschliche Tragödien gestoßen, aber auch auf gesellschaftliche Verwerfungen und politische Abgründe. Meine Kollegen und ich sind in den fast drei Jahrzehnten meiner Beschäftigung als Steuerfahnder oft auf eine unangenehme Weise tief in die Privatsphären von Bürgern eingedrungen. Wir mussten zum Teil im Schmutz wühlen und Dinge aufdecken, die wir nicht für möglich gehalten hätten. Und wir mussten leider auch erkennen, dass es in diesem Staat keine Schicht gibt, die wir dabei hätten ausklammern können. Wir haben Klöster, Ministerien, Banken, Parteibüros, Rechtsanwaltskanzleien, Vorstandsbüros und Gewerkschaftskonzerne durchsucht – und wir haben fast immer etwas gefunden. Am Ende mussten wir erkennen, dass der Lohnempfänger, ob nun der Arbeiter oder der Angestellte – also die Masse unserer Bevölkerung – diesem Staat im Grunde nicht geschadet haben und auch nicht nachhaltig schaden können. Die wirklichen Steuervergehen und Verbrechen finden an ganz anderen Stellen statt. Manchmal sogar in den Behörden selbst ...

Lehrgeld –
Ein Steuerfahnder wird gemacht

Die Ausbildung

Meine erste Begegnung mit einem Steuerfahnder hatte ich im Jahr 1974. Ich saß in der Lohnsteuerstelle des Finanzamtes Bad Homburg und war unter anderem für die Eintragung von Freibeträgen auf Lohnsteuerkarten zuständig, als ein Steuerfahnder aus Frankfurt in eigener Sache wegen seines Freibetrags bei mir vorsprach. Auch Finanzbeamte müssen Steuern bezahlen und in diesem Fall musste ein erfahrener Fahnder aus der Großstadt Frankfurt am Main den Steuerinspektor Wehrheim in Bad Homburg aufsuchen.

Während der Ausbildung hatte man nichts über die Steuerfahndungsstellen erfahren. Als junger Finanzbeamter wusste man zwar, dass es diese Abteilungen gab – mehr aber auch nicht. So nutzte ich die einmalige Gelegenheit, eine dieser »grauen Eminenzen« ein wenig über ihre Arbeit auszufragen. Dabei teilte mir der Mann ganz nebenbei mit, dass die Steuerfahndung (Steufa) Frankfurt zwei oder drei neue, junge Mitarbeiter suchen würde. Das war meine Chance. Ich hatte dann sofort zwei Tage später eine Art Vorstellungsgespräch bei dem damaligen Sachgebietsleiter der Steuerfahndung, und nur wenige Monate später durfte ich vom Finanzamt Bad Homburg in die Steufa Frankfurt am Main wechseln.

Ich stamme aus einer klassischen Beamtenfamilie. Großvater, Vater, Bruder und selbst die Schwägerin waren und sind bei der Hessischen Finanzverwaltung beschäftigt – im Grunde konnte ich von Haus aus keinen anderen Beruf für mich wählen. 1971 hatte ich die Laufbahnprüfung für den gehobenen Dienst gemacht und war zum Steuerinspektor ernannt worden. In der Folgezeit musste ich verschiedenen Tätigkeiten als Sachbearbeiter nachkommen: Lohnsteuer, Einkommenssteuerveranlagung sowie Vollstreckung und Außenprüfung in verschiedenen Finanzämtern in Frankfurt und in meiner Heimatstadt Bad Homburg. Ich war einigermaßen zufrieden und unabhängig, und ich hatte im Gegensatz zu vielen meiner ehemaligen Schulfreunde eine krisensichere Stelle. Aber es war eben nur ein Job – bis der Wechsel nach Frankfurt kam.

1975 hieß meine neue Dienststelle noch »Finanzamt Frankfurt am Main-Börse«, sie wurde erst im Jahr 1993 nach einer Neugliederung der Frankfurter Ämter in »Finanzamt Frankfurt am Main V« umbenannt. Dort sollte ich also ein Steuerfahnder werden. Eine schulische oder gar akademische Ausbildung hierfür gab es nicht. Man wurde Finanzbeamter und wechselte – möglicherweise – zur Steuerfahndung. Auch dort erhielt man nicht die klassische Ausbildung nach einem Lehrplan oder dergleichen – man lief vielmehr über mehrere Jahre hinweg mit einem erfahrenen Ermittler mit. Der didaktische Überbau hieß »Learning by Doing«, bis man in der Abteilung irgendwann zu der Erkenntnis gelangte, dass aus dem jungen Kollegen ein gestandener Steuerfahnder geworden war. So etwas dauerte in der Regel bis zu sieben Jahre. Ich selbst war etwa 1980 so weit und durfte mich fortan als ausgebildeter Fahnder fühlen. Bis dahin hatte ich an der Seite eines gestandenen Ermittlers alles gelernt, was es für diesen Job brauchte. Mein »Ausbilder« galt gemeinhin als guter Ermittler. Korrekt, akribisch und mit einer Spürnase gesegnet, die in diesem Job nötig war. Der Mann mochte mich – wenn auch nicht immer mein äußeres Erscheinungsbild. Während mein Ausbilder stets in Anzug, Mantel, Hut und Aktenkoffer zu Durchsuchungsterminen ging, lief ich in Jeans, Pullover und Lederjacke neben ihm her und vermittelte allein durch mein Äußeres das Bild eines Juniorpartners. Nebenbei erwähnt, meine Dienstgarderobe änderte sich bis zu meinem späteren Job als Sachgebietsleiter nur unwesentlich.

Den Spürsinn, den man für den Fahndungsjob offensichtlich braucht, entwickelte ich schon verhältnismäßig früh. Im Grunde musste man als Fahnder über ein gehöriges Maß an krimineller Fantasie verfügen – und die hatte ich wohl. Ich sehe heute noch gestandene Kollegen ihre Köpfe schütteln, als der Steuerinspektor Wehrheim in ruhigen, gleichsam arbeitsfreien Momenten die vermeintlich unbedeutsamen Polizeimeldungen in den Lokalblättern studierte. Dabei interessierten mich vor allem die Berichte über Einbrüche – insbesondere in feinen Villenvierteln. So zum Beispiel: »Bei einem Einbruch in der Nacht von Sonntag auf Montag konnten Diebe in einem Wohnhaus Kunst- und Wertgegenstände in Höhe von 800 000 Mark erbeuten. Die Polizei erbittet Hinweise unter der Nummer …«

Ein kurzer Anruf bei der jeweils zuständigen Polizeidienststelle genügte und man hatte an einem ruhigen Nachmittag rasch alles zusammen, was zu einem neuen Fall gereichte. Die Hausbesitzer – das waren Erfahrungswerte – gaben bei Einbrüchen den entstandenen Schaden naturgemäß stets im vollen Umfang an. Dies war allein wegen der jeweiligen Versicherungen unerlässlich, schließlich wollten die Geschädigten ihren Verlust auch wieder ersetzt bekommen. Was die Einbruchsopfer jedoch häufig nicht wissen konnten: In den Finanzämtern saßen mitunter junge, ambitionierte Finanzbeamte, die mithilfe der Steuerakten den für die Vermögenssteuer[1] erklärten Besitz mit dem angeblich erbeuteten Diebesgut abglichen – und dabei nicht selten auf erhebliche Diskrepanzen stießen. Stimmten die versteuerten Vermögenswerte so gar nicht mit der Diebesbeute überein, stellten sich immer zwei Fragen: Gab es in diesen Fällen Hinweise auf einen kleinen Versicherungsbetrug, oder wurde vielleicht bei den Angaben zur Vermögenssteuer etwas unterschlagen? Nicht selten kamen am Ende von Ermittlungen beide Vorwürfe zum Tragen.

Damals hatte die Finanzverwaltung auch noch einen Lesedienst, der die Chiffreanzeigen der Tageszeitungen las und bei fragwürdigen Geschäftsangeboten mitunter Kontrollen einleitete. Im Norden der Republik wurden beispielsweise die Anzeigen der zum Verkauf stehenden Yachten studiert und die Besitzer einer Überprüfung unterzogen. Unterschätzen durfte man die Finanzämter in der Regel nicht.

Jugend forscht

Eine meiner ersten eigenständigen Ermittlungen gegen einen Steuersünder darf man getrost unter dem Kapitel »Jugend forscht« ablegen – sie endete in einem kleinen Fiasko.

---

1 Zu jener Zeit (bis zum Jahr 1997) gab es in Deutschland eine Vermögenssteuer. Sie hatte einen vergleichsweise niedrigen Prozentsatz und wurde auf das bewertbare Eigentum der Bürger berechnet.

Der Hinweis zur Ermittlung kam von einem Betriebsprüfer. Der Finanzbeamte wohnte in einer kleinen Gemeinde im Spessart und musste jeden Tag auf seinem Weg zum Finanzamt an dem Anwesen eines Handwerkers vorbeifahren. Vor dem Haus standen regelmäßig ein Lamborghini, ein Range Rover und diverse andere teure Fahrzeuge, und durch ein kleines Loch in der festungsgleichen Hecke, die das riesige Grundstück umrandete, blitzte das blaue Becken eines Swimmingpools, der bezüglich seiner Größe durchaus Olympiastandards entsprach.

Dieser Betriebsprüfer hatte das Unternehmen des Sportwagenfahrers aus reiner Neugier unter die Lupe genommen und verschiedene Unregelmäßigkeiten entdeckt. Lebensstil und versteuerte Gewinne dieses Menschen waren einfach nicht in Einklang zu bringen – was aus meiner Erfahrung übrigens einer der häufigsten Fehler von Steuerhinterziehern ist. Vor dem Finanzamt kleine, nur knapp über dem Existenzminimum liegende Erträge angeben und nach außen hin die Lebensführung eines Millionärs zur Schau stellen – so etwas konnte in der Regel auf längere Sicht nicht gut gehen.

Der Finanzbeamte vom Lande hatte sich in diesem Fall festgebissen und war dabei auf dubiose Bankgeschäfte mit Ägypten und dem Sudan gestoßen. Er vermochte das undurchsichtige Finanzkonstrukt des wohlhabenden Handwerkers jedoch nicht restlos zu durchschauen. Irgendwann stand der Betriebsprüfer vor meinem Tisch, reichte mir seine Unterlagen und sagte: »Hier ist etwas faul. Aber ich bekomme diesen Kandidaten mit meinen Mitteln nicht zu fassen – das ist eher etwas für euch Fahnder!«

Nach der Durchsicht sämtlicher Unterlagen, die mir der Finanzbeamte dagelassen hatte, fiel auch mir eine Sache zuallererst ins Auge: Bei dem selbstständigen Handwerker passte in der Tat nichts zusammen. Haus, Anwesen und Fuhrpark und die beim Finanzamt eingereichten Betriebsergebnisse waren nicht kompatibel; zudem hatte der Mann für eine notwendige Firmeninvestition urplötzlich einen hohen sechsstelligen Betrag zur Verfügung, den er mit seinen verbuchten Gewinnen eigentlich kaum besitzen konnte. Wir mussten also durchsuchen – ein Mittel, das ganz am Ende einer Kette von Überprüfungen steht und als Ultima Ratio bei der Aufklärung von Steuerhinterziehungen gesehen werden muss.

Ich hatte mir – wie es der Gesetzgeber verlangt – bei Gericht einen Durchsuchungsbeschluss geholt, und an einem schönen Morgen im Frühherbst klingelten wir am Tor des vornehmen Handwerkeranwesens. Unser Beschuldigter öffnete die Tür und baute sich mit seinen gut 1,90 Metern und geschätzten 120 Kilo Gewicht mit grimmiger Miene vor uns auf. Einer der unschönen Momente im Leben eines Steuerfahnders, aber der Mann sah bedrohlicher aus, als er es in Wirklichkeit war. Er ließ uns ohne weitere Fragen eintreten, sagte kaum ein Wort und beobachtete mit eng zusammengekniffenen Augen, wie wir eine Schublade nach der anderen in seinem Schreibtisch öffneten.

Schon bei der Durchsicht der ersten Unterlagen stieß ich schnell auf einen veritablen Versicherungsbetrug in Zusammenhang mit einem mutmaßlich fingierten Einbruch, aber das hatten andere Stellen zu bearbeiten. Uns interessierte in erster Linie seine Buchhaltung, oder zumindest das, was dieser Mann als Buchhaltung bezeichnete. Nachdem wir alles durchsucht und verschiedene Dokumente in Kartons gepackt hatten, stellte ich dem Hausbesitzer ein paar Fragen zu den großzügigen Investitionen, die er zuletzt in seiner Firma getätigt hatte. Die Erklärung kam umgehend: arabische Geldgeber. Der Handwerker gab uns sogar den Namen eines ausländischen Geschäftspartners: El Kalif aus Kairo. Wir nahmen seine Informationen auf und zogen uns am frühen Nachmittag wieder in unsere Dienststelle zurück.

Die arabischen Geldgeber waren merkwürdigerweise nicht zu identifizieren. Weder im Hotel »InterContinental«, in dem El Kalif angeblich abgestiegen war, noch in der ägyptischen Botschaft, die wir im Zuge unserer Ermittlungen kontaktiert hatten, war irgendein Hinweis auf die Existenz dieses Menschen zu erhalten. Die Spuren führten allesamt ins Nichts, doch es stellte sich ein weiteres Mal heraus, dass unsere natürlichen Gegner – die Steuersünder – in der Regel nicht wissen, welche Spuren ein Steuerfahnder verfolgt und welche Möglichkeiten und Befugnisse er bei seinen Recherchen hat.

Mit unseren Zweifeln ob der Existenz seiner arabischen Partner konfrontiert, berichtete der Handwerker von einer weiteren Geldquelle: Er habe in den vergangenen Jahren beim Fußball-Toto regelmäßig stattliche Gewinne verzeichnen können, und aus diesen Mitteln stamme auch ein Großteil des Geldes für seine Betriebsinvestitionen. Aber auch diese Geschichte ging nicht auf. Ein Besuch bei der hessischen Lottozentrale in Wiesbaden ergab zwar, dass unser mutmaßlicher Steuersünder ein paar Gewinne verbuchen konnte, aber letztlich war auch diese Version der Geschichte geplatzt. Die Erträge seiner Lotteriegewinne waren zu gering, als dass sie eine Erklärung für seine Geldflüsse hätten sein können. Dem Mann war offenbar nicht bewusst, dass Steuerfahndungsstellen in einem Strafverfahren im Zweifel auch Auskünfte bei Lotteriegesellschaften einholen können und so Informationen erhalten, die normalerweise durch den Datenschutz gesichert sind.

In der Folgezeit berichtete der Handwerker von Spielbank-Gewinnen. Aber auch diese Angaben überprüften wir natürlich umgehend. Kasino-Gewinne sind bei steuerlichen Ermittlungen häufig angegebene Quellen für nicht nachvollziehbare Geldflüsse – und mit die ungeschicktesten Ausreden von Bürgern, die mit den Finanzbehörden zu tun haben. Auch in Spielbanken kann ein Steuerfahnder verhältnismäßig leicht ermitteln: Für gewöhnlich verlieren die Spieler, die regelmäßig in Kasinos verkehren, eher ihr Geld, als dass sie dort gewinnen. Und da die Personalien der Kasino-Besucher aufgezeichnet werden müssen, kann man leicht überprüfen, ob ein Beschuldigter zum einen überhaupt je in der besagten Spielbank verkehrt hat und wenn ja, ob er bei seinen Besuchen größere Gewinne verbuchen konnte.

In den Spielbanken wird nicht selten mit Schwarzgeld, also hinterzogenem Geld, gespielt und es wird – so ist nun mal die Statistik – in der Regel dort auch verloren. Durch die sehr hohen Spielbankabgaben, die je nach Bundesland zwischen 45 und 80 Prozent schwanken, wird so ein nicht geringer Teil des in Deutschland hinterzogenen Geldes am Ende doch noch der Steuer zugeführt.

Unser Handwerker jedenfalls gehörte auch in den Spielbanken der Region nicht zu den Siegertypen und somit platzte für den Mann auch diese Ausrede.

In der Zwischenzeit hatten wir schon ein Jahr gegen ihn ermittelt, als uns die Nachricht erreichte, dass sich der Beschuldigte möglicherweise ins Ausland absetzen könnte. Von dem aufmerksamen Betriebsprüfer aus der Provinz hatten wir erfahren, dass der vermögende Handwerker offenkundig sein Haus verkaufen wollte. In der Villa schien er schon gar nicht mehr zu wohnen, eine Nachfrage beim Einwohnermeldeamt verlief negativ. Unser Mann war verschwunden. Beim Notar erhielten wir die Auskunft, dass das Haus für zwei Millionen Mark verkauft werden konnte – eine Nachricht, die uns in jenem Moment noch mehr beunruhigte. Der Mann war verschwunden und er verfügte über eine riesige Menge an Geld – keine guten Nachrichten für die Steuerfahndung Frankfurt.

Ein Besuch bei den neuen Hausbesitzern, die gerade dabei waren, ihre Umzugskartons auszupacken, nährte unseren Jagdtrieb nach dem verschwundenen Steuersünder. Denn der Käufer der Villa glaubte sich daran zu erinnern, dass der untergetauchte Handwerker davon gesprochen habe, seinen Geburtstag auf Barbados feiern zu wollen. Das war dann unser Stichwort: Fluchtgefahr – Haftbefehl!

Im Zuge der weiteren Ermittlungen hatten wir dann die Information erhalten, dass sich der gesuchte Mann möglicherweise in der Pension seiner Freundin im Taunus aufhalten könnte. Die Schlinge zog sich also langsam zu. Beim zuständigen Finanzamt hatten wir in der Zwischenzeit das Gesuch für einen sogenannten »dinglichen Arrest« des Vermögens unseres Steuersünders geschrieben und genehmigt bekommen. Unter dem Begriff »dinglicher Arrest« versteht man die Sicherung von beweglichem oder unbeweglichem Vermögen eines Schuldners in einem Eilverfahren. Das heißt, man konnte in einem Fall wie dem vorliegenden unter anderem Geld, also die zwei Millionen Mark, sofort beschlagnahmen. Ein dinglicher Arrest war praktisch wie ein vollstreckbarer Titel zu betrachten.

Der § 324 der Abgabenordnung (AO) zum dinglichen Arrest besagt:

»*Zur Sicherung der Vollstreckung von Geldforderungen nach den §§ 249 bis 323 kann die für die Steuerfestsetzung zuständige Finanzbehörde den Arrest in das bewegliche oder unbewegliche Vermögen anordnen, wenn zu befürchten ist, dass sonst die Beitreibung vereitelt oder wesentlich erschwert wird. Sie kann den Arrest auch dann anordnen, wenn die Forderung noch nicht zahlenmäßig feststeht oder wenn sie bedingt oder betagt ist. In der Arrestanordnung ist ein Geldbetrag zu bestimmen, bei dessen Hinterlegung die Vollziehung des Arrestes gehemmt und der vollzogene Arrest aufzuheben ist.*«

Ein dinglicher Arrest ist sehr wirkungsvoll, wenn die Polizei beispielsweise einen Drogenhändler aufgespürt hat. Wird dann bei dessen Hausdurchsuchung eine größere Bargeldmenge gefunden, rufen die Polizisten vor Ort die Steuerfahndung zu Hilfe, die das Geld in Form eines dinglichen Arrestes sicherstellen kann. Eine Begründung für diese Maßnahme ist leicht zu finden: Da es sich auch bei einem Drogenhändler um einen »Gewerbetreibenden« handelt, der seine Einnahmen in der Regel jedoch nicht versteuert, tritt die Steuerfahndung auf den Plan und nimmt das Bargeld gewissermaßen als Anzahlung für später fällige Steuernachzahlungen mit. Durch diese Maßnahme kann gewährleistet werden, dass der Drogenhändler seine illegalen Geschäfte nachträglich der Steuer zuführen kann – und: das Geld verschwindet nach der Festnahme nicht einfach in der Tasche eines Strafverteidigers, der sich die Summe für sein Honorar sichern will.

Wir hatten die Anschrift der Pension, den Haftbefehl und den dinglichen Arrest – es konnte losgehen. Da unser Beschuldigter bereits eine Vorstrafe wegen Körperverletzung in seinen Akten hatte, baten wir die örtlich zuständige Polizeidienststelle um Amtshilfe und hatten überdies noch einen Vollstreckungsbeamten des Finanzamtes mit dabei – man konnte schließlich nicht wissen, wie derart in die Enge getriebene Menschen im Krisenfall reagieren. Zudem wussten wir schließlich von den zurückliegenden Begegnungen, dass es sich bei dem Gesuchten um einen hünenhaften Mann handelte.

An einem Freitagnachmittag machten wir uns auf den Weg in einen verträumten kleinen Ferienort und parkten unsere Wagen vor der fraglichen Pension. Der Lamborghini stand im Hof und kaum waren wir ausgestiegen, kam der Mann mit einem Trainingsanzug bekleidet auf uns zu. Ich begrüßte den überraschten Handwerker und verkündete ihm umgehend den Haftbefehl. Der Mann war geschockt.

Die Durchsuchung der Privaträume seiner Freundin in der Pension war erfolglos. Wir hatten gehofft, die Flugtickets zu finden, aber in dem Haus war nichts. Der Vollstreckungsbeamte des Finanzamtes hatte inzwischen den Lamborghini gepfändet und freute sich auf die Rückfahrt in einem italienischen Sportwagen, während der Beschuldigte selbst auf einem Sessel sitzend in sich zusammensank und plötzlich anfing, jämmerlich zu weinen. Seine Worte werde ich nie vergessen: »Alle bescheißen und ausgerechnet ich muss ins Gefängnis!«

Er tat mir leid. Da saß dieser Berg von einem Mann und sah mit einem Mal seine schöne Welt zusammenbrechen. Die ganzen Ermittlungen der vergangenen Monate schienen für ihn mehr ein lustiges Katz- und Maus-Spiel gewesen zu sein. Ägyptische Geldgeber, Spielbank- und Totogewinne, das bisschen Durchsuchung – eine hübsche Abwechslung im Leben eines Mannes, der die Herausforderung suchte. Aber was an diesem Freitag ablief, war beileibe kein Spiel mehr: Wir hatten den Haftbefehl. Die Lage war ernst und der Mann hatte sie in jenem Augenblick erstmals richtig als genau das erkannt.

»Was ziehe ich denn fürs Gefängnis an?«, fragte er hilfesuchend. Ich wusste gar nicht, was ich sagen sollte. Dies war meine erste richtige Festnahme und auch ich fühlte mich in diesem Augenblick ein wenig überfordert. »Etwas Vernünftiges«, gab ich ihm zur Antwort und schaute ihm hinterher, wie er in Begleitung eines Polizisten im Schlafzimmer verschwand. Nur wenige Minuten später stand er wieder vor mir – in einem Nadelstreifenanzug.

Der Polizeibeamte zog sich wieder zurück, nachdem er bemerkt hatte, dass der Beschuldigte keine Unannehmlichkeiten machte, und auch der Vollstreckungsbeamte war bereits auf dem Weg zurück zu seiner Behörde – selbstverständlich im Lamborghini. Mein Kollege und ich indes wussten nicht so recht, wie wir mit dem Mann weiterverfahren sollten. Wir aktivierten die Kindersicherung in meinem Auto, setzten den verhafteten Steuersünder auf die Rückbank und fuhren los. Da wir auf dem Hinweg von dem Vollstreckungsbeamten begleitet worden waren, der uns den Weg wies, taten wir uns schwer, den Rückweg zurück nach Frankfurt zu finden. Unser verhafteter Handwerker auf dem Rücksitz lotste uns glücklicherweise durch die Straßen und machte den Vorschlag, in der Nähe der Frankfurter Oper noch gemeinsam ein Steak essen zu gehen.

Das konnten wir ihm nun wirklich nicht gewähren – so leid er uns auch tat, aber es wäre nicht auszudenken gewesen, wie wir dagestanden hätten, wenn sich unser Steuersünder in dem Restaurant davongeschlichen hätte – womöglich wie in einem Hollywood-Film durch das Toilettenfenster. Undenkbar.

Als wir am späten Freitagabend im Frankfurter Polizeipräsidium ankamen, standen wir vor der nächsten Herausforderung. Ein Polizist vom Dauerdienst saß, die Füße auf den Tisch gelegt, zurückgelehnt da und telefonierte mit seiner Freundin. Nebenbei drückte er uns ein paar Vordrucke in die Hand und zeigte auf die Schreibmaschine. Ich hatte in meinem Leben noch nie einen Menschen verhaftet und ich hatte bis dahin schon gar nicht den notwendigen Papierkram ausgefüllt, den es bei einer Festnahme offenkundig brauchte. Aber dies sollte immerhin die letzte Hürde sein, bevor wir unseren festgenommenen Steuersünder endlich loswerden würden – dachten wir.

Vor den Arrestzellen der Polizeiwache angekommen, mussten wir erfahren, dass wir unseren Beschuldigten haftfertig machen müssen, was so viel hieß wie: körperliche Durchsuchung, Wegnahme von Gürtel, Schnürsenkel etc. Und dann mussten wir den Handwerker tatsächlich persönlich zur Zelle bringen. Natürlich waren Steuerfahnder – wie Polizisten auch – Hilfsbeamte der Staatsanwaltschaft und verfügten über fast identische Befugnisse, mit dem einen Unterschied, dass Steuerfahnder keine Waffen trugen und auch keine besonderen Kenntnisse und Routinen hinsichtlich Festnahmen und Polizeigewahrsam hatten. In diesem Fall ließ uns der »Kollege vom Dienst« richtig schön auflaufen.

Als die Zellentür endlich hinter unserem Steuersünder geschlossen worden war, machten wir uns erschöpft und erleichtert auf den Heimweg. Diese Prüfung hatten wir tatsächlich hinter uns gebracht. Es stellte sich nur noch die Frage, ob wir sie auch bestanden hatten.

Die Antwort bekamen wir am folgenden Tag, als wir am Samstagmorgen zum Haftprüfungstermin gehen wollten. Auf dem

Flur kam uns der Haftrichter entgegen und schaute uns fragend an. Der Haftprüfungstermin wäre erledigt und unser Beschuldigter gegen Auflagen wieder auf »freiem Fuß«. Ein Skandal, dachten wir und drängten den Richter zu einer Erklärung. Der machte uns dann unmissverständlich klar, warum er den Fall so entschieden hatte: Durch den dinglichen Arrest und die gleichzeitige Sicherstellung des Kaufpreises für das Haus auf einem Notaranderkonto hatten wir uns selbst des Haftgrundes beraubt. Ohne Geld keine Fluchtgefahr und ohne Fluchtgefahr keine Untersuchungshaft.

So etwas sollte man auch als junger Ermittler wissen!

Bei der Gerichtsverhandlung Monate später präsentierte der Handwerker sogar einen leibhaftigen ägyptischen Geldgeber. Aber die Richter schenkten ihm keinen Glauben. Der Mann hatte einfach zu viele Geschichten geliefert und am Ende nahm ihm keiner mehr seine unzähligen Erklärungsversuche ab. Unser Handwerker wurde zu einer Bewährungsstrafe verurteilt und musste Steuern in sechsstelliger Höhe nachbezahlen. Auf dem Flur vor dem Gerichtssaal nahm er mich nach dem Prozess zur Seite: Diese eine Nacht in der Zelle, im Nadelstreifenanzug inmitten betrunkener Randalierer, Drogendealer und Einbrecher, sei die schlimmste seines Lebens gewesen – und das nähme er mir übel. Ich klopfte ihm verständnisvoll auf die Schulter und ging zurück ins Amt.

Es sollte nicht die letzte Panne sein, die mir in meiner Zeit als Steuerfahnder widerfuhr …

Auf der Flucht

Im Fokus stand ein Architekt aus dem Spessart. Durchsuchungsbeschlüsse für sein Büro und sein Wohnhaus lagen vor und wir trafen uns an einem frühen Morgen in der Cafeteria des örtlichen Finanzamtes mit dem zuständigen Beamten, der uns in einem Briefing noch einmal kurz den vorliegenden Fall schilderte. Die Beschlüsse lagen auf dem Tisch, die Einteilung der Kollegen war erledigt, der Kaffee getrunken – 8.30 Uhr, es konnte losgehen.

Während sich meine Kollegen die Büroräume vornahmen, war ich mit einem weiteren Steuerfahnder auf dem Weg zum Wohnhaus. Der lokale Finanzbeamte hatte uns mitgeteilt, dass der Architekt mutmaßlich von seiner Frau getrennt sei, er aber noch immer das gemeinsame Haus als Wohnsitz gemeldet hätte. Als die Tür geöffnet wurde, empfing uns eine elegant gekleidete Frau Mitte vierzig, an ihrer Seite ein stattlicher Schäferhund mit spitz aufgestellten Ohren. Ein Griff in meine Aktentasche und ich merkte sofort, dass der Durchsuchungsbeschluss fehlte. Zu dumm, ich musste das Papier bei der Frühbesprechung in der Kantine liegen gelassen haben und schämte mich ob meiner peinlichen Vorstellung an der Haustür der Architektengattin. »Wir haben einen Durchsuchungsbeschluss gegen ihren Ehemann – das heißt, wir haben ihn leider nicht dabei, er scheint im Finanzamt liegen geblieben zu sein.« Eine schreckliche Situation.

Ich bat die Frau, ihren Mann im Büro anzurufen, damit er die Rechtmäßigkeit der Durchsuchung bestätigte. Das tat die Dame dann auch, und wir durften nach quälend langen Minuten des Wartens, unter strenger Beobachtung des Schäferhundes, endlich das Haus betreten. Ein denkbar schlechter Start in einen Tag, der noch viel merkwürdiger enden sollte.

Da wir eine langjährige Steuerhinterziehung des Architekten vermuteten und nach vorsichtigen Schätzungen eine knapp siebenstellige Nachzahlung zu erwarten war, waren wir an diesem Tag mit voller »Kapelle« aufmarschiert. Es ist immer wieder erstaunlich, welche Summen gerade bei Freiberuflern aus dem Baugewerbe fließen. Und je höher die Umsätze, desto massiver werden auch die Hinterziehungen. In dem vorliegenden Fall hatten wir die entscheidenden Hinweise bereits von einem Betriebsprüfer erhalten, und nun lag es an uns, die Sache – wie wir es ausdrückten – rund zu machen und vor allem auch herauszufinden, wo die hinterzogenen Gelder lagen. Die Suche galt also ausländischen Bankkonten und alternativ auch Gold, Juwelen und weiteren Wertgegenständen, die mutmaßlich entweder im heimischen Safe oder in einem Bankschließfach lagen.

Zunächst fiel jedoch auf, dass in dem Haus nichts auf den Architekten hinwies. Im Schlafzimmer konnten wir weder Männerbekleidung noch ein zweites Kopfkissen oder wenigstens ein Paar Hausschuhe finden. Schnell wurde klar, dass die Wohnsitzgeschichte des Architekten eine reine Fiktion war. Aber, wir waren nun mal in dem Haus, und es war trotz der Lebensumstände des Paares nicht auszuschließen, dass wir am Ende nicht doch etwas finden könnten.

Das ganze Konstrukt schien von vorne bis hinten faul. Die Ehefrau war in dem Betrieb ihres Mannes angestellt, sie fuhr natürlich einen »Firmenwagen« und in dem Wohnhaus existierte offiziell ein Arbeitszimmer des Architekten mit Zeichentisch und voller Büroausstattung, was selbstverständlich auch alles Eingang in die Steuererklärung des Unternehmers gefunden hatte. Letzteres war eine der kleinen Tricksereien. Zu den großen indes gehörten fingierte Rechnungen und massive Manipulationen der

Betriebskosten. So war die Frau durch ihr fingiertes Beschäftigungsverhältnis natürlich auch kranken- und rentenversichert. Diese Geschichten waren in der Regel stets so konstruiert, dass der Firmeninhaber die Betriebskosten absetzen und die Altersversorgung – in diesem Fall für die getrennt lebende Ehefrau – aufgebaut werden konnte.

Häufig schüttelten meine Kollegen und ich innerlich den Kopf, wenn wir im normalen Tagesgeschehen erlebten, was so alles unter die betrieblichen Ausgaben gepackt wurde. Wir sahen die großen teuren Limousinen, die als Geschäftswagen verbucht, aber ausschließlich privat bewegt wurden. Die Illustrierten für die Gattin wurden als Betriebsausgaben für die Praxis oder die Kanzlei verbucht. Der Beleg für das Doppelzimmer mit der Frau oder der Geliebten sollte auf ein Einzelzimmer ausgestellt werden – Dienstreise. Kaffee, Zucker und Milch wurden den Betriebskosten zugerechnet, auch wenn kein Mitarbeiter dort je ein Tässchen Kaffee zu sehen bekam. Irgendwann hatte ich es mir abgewöhnt, nach jeder Kleinigkeit zu schielen. Und wenn ich Feierabend hatte, war ich definitiv außer Dienst – ganz egal, was ich in Geschäften, beim Sport oder beim Friseur alles sah und hörte. Nicht selten habe ich erlebt, wie Menschen in Gasthäusern mit ihren Steuervergehen geradezu geprahlt haben. Es galt und gilt geradezu als chic, sich mit Steuertricks und Mauscheleien wichtig zu machen.

In einem Fall tat das auch ein Bahnreisender, als er mit einem fremden Menschen in seinem Zugabteil ins Gespräch gekommen war und diesem im Verlauf der Bahnreise alle seine Steuerspartricks verraten hatte. Zum Abschied übergab er dem fremden Fahrgast sogar seine Visitenkarte – weil man sich so sympathisch war, so zumindest mag es der monologisierende Steuersünder empfunden haben. Der Fahrgast indes sah sich als Bundesbürger persönlich von den Schilderungen dieses ihm fremden Menschen beleidigt und leitete seine Empörung direkt in schriftlicher Form an die Steuerfahndung weiter, die den redseligen Bahngast ein wenig später durchsuchte. Dieses Verfahren, von einem Kollegen bearbeitet, brachte dem Gemeinwesen mehrere hunderttausend Mark an Steuermehreinnahmen ein. Die Fahrt dieses Mannes dürfte als die teuerste Zugreise aller Zeiten in die Geschichte der Menschheit eingegangen sein.

Ich persönlich konnte zeitlebens auf eine Verquickung von Dienst und Privatleben verzichten, verbarrikadierte nach Feierabend weitgehend alle steuerfahnderlichen Sinnesorgane und verbrachte meine Freizeit als genuss- und lebensfreudiger Mensch.

Und genau daran musste ich denken, als wir in den Schränken dieser Frau wühlten. Mein Gespür sagte mir, dass in dem Haus nichts Wesentliches zu finden wäre, und ich empfand unsere Untersuchung als einen unangenehmen, ungerechtfertigten Eingriff in das Privatleben einer Frau, die, von einigen unbedeutenden steuerlichen Vergünstigungen einmal abgesehen, mit ihrem Noch-Gatten nicht mehr viel zu tun haben wollte. Bis mich einer meiner Kollegen in den geräumigen Garagenanbau rief.

In der Garage, die auf diesem Gründerzeitanwesen einst wohl das Gesindehaus war, fanden wir eine perfekt eingerichtete Töpferwerkstatt mit Brennöfen, Werkbänken und unzähligen Werkzeugen sowie einer Art Drehbank. In diesem Moment konnte ich mir auch die Herkunft der zahlreichen Steingut-Behältnisse, Vasen und Skulpturen erklären, die über das gesamte Wohnhaus verteilt waren. Meine Kollege hatte sich offenbar schon ein wenig in der Werkstatt umgesehen und deutete auf ein Heft, das er in ei-

ner Schublade gefunden hatte. Es beinhaltete die »Buchhaltung«
der Frau, die – wie wir schnell herausfinden konnten – über Jahre
hinweg unzählige Blumen- und Geschenkläden in der Umgebung
mit ihrer Töpferware beliefert und dabei vorzügliche Umsätze gemacht hatte.

Ein Zufallsfund, wie so etwas in Steuerfahnderkreisen bezeichnet wird, der in § 108 der Strafprozessordnung (STPO) geregelt ist:

> *»(1) Werden bei Gelegenheit einer Durchsuchung Gegenstände
> gefunden, die zwar in keiner Beziehung zu der Untersu-
> chung stehen, aber auf die Verübung einer anderen Straftat
> hindeuten, so sind sie einstweilen in Beschlag zu nehmen.
> Der Staatsanwaltschaft ist hiervon Kenntnis zu geben. Satz
> 1 findet keine Anwendung, soweit eine Durchsuchung nach
> § 103 Abs. 1 Satz 2 stattfindet.*
>
> *(...)*
>
> *(3)   Werden bei einer in § 53 Abs. 1 Satz 1 Nr. 5 genannten Per-
> son Gegenstände im Sinne von Absatz 1 Satz 1 gefunden,
> auf die sich das Zeugnisverweigerungsrecht der genannten
> Person erstreckt, ist die Verwertung des Gegenstandes zu
> Beweiszwecken in einem Strafverfahren nur insoweit zuläs-
> sig, als Gegenstand dieses Strafverfahrens eine Straftat ist,
> die im Höchstmaß mit mindestens fünf Jahren Freiheitsstra-
> fe bedroht ist und bei der es sich nicht um eine Straftat nach
> § 353b des Strafgesetzbuches handelt.«*

In diesem kleinen Heft waren kurz überrissen Umsätze im mittleren fünfstelligen Bereich aufgeführt, und man musste kein Ermitt-

ler sein, um zu ahnen, dass das Finanzamt von diesen Geschäften mit Sicherheit keine Kenntnis hatte.

Die Frau war in der Zwischenzeit knallrot angelaufen und wurde im zunehmenden Maße sauer. Die Durchsuchung war eigentlich gegen ihren Mann gerichtet und nun war sie – wegen seiner Mauscheleien – plötzlich in den Fokus steuerrechtlicher Ermittlungen geraten. Sie, eine von Haus aus eher esoterisch und vor allem künstlerisch denkende Frau, die mit ihrem Hobby ein wenig Geld nebenbei verdient hatte. Nun, es war ein wenig viel Geld, was da in ihrem Kassenbüchlein notiert war, aber gleichwohl: Wir wurden binnen weniger Sekunden zum Feind dieser kultivierten und überaus talentierten Dame.

Mein Kollege nahm das Buch mit und legte es im Wohnzimmer zu den wenigen anderen Fundsachen, die wir zur weiteren Überprüfung mit ins Büro nehmen wollten. Ich sah mich noch ein wenig im Raum um, als ich plötzlich bemerkte, dass die Frau einzelne Blätter aus ihrem Kassenheft herausriss und in ihren Mund stopfte.

»Was machen Sie denn da, um Himmels willen?«, rief ich erschrocken und machte einen Schritt auf die Dame zu. Doch bei ihr saß der Schäferhund und fixierte mich mit noch immer aufgestellten Ohren. Die Frau indes stopfte sich weiterhin ein Blatt Papier nach dem nächsten in den Mund und aß tatsächlich ihre Buchhaltung auf. Ich griff nach einem Telefon, rief die örtliche Polizeidienststelle an und verlangte dringend nach einer Polizistin zur Unterstützung.

Mir selbst waren naturgemäß die Hände gebunden. Zum einen hätte ich die Frau von Amtswegen gar nicht anfassen dürfen, zum anderen war ich der Überzeugung, dass mich der Hund bei dem Versuch, seinem Frauchen das Heft zu entreißen, in Stücke zerfetzt hätte. Mittlerweile hatte die Frau das Heft unter ihren Pullover gesteckt, was mich zumindest dahingehend beruhigte, dass nicht noch weitere Unterlagen ihrer Magensäure zugeführt werden. Aber mit einem Mal verschwand die Frau durch die Terrassentüre nach draußen in den Garten.

Barfuß, den Hund an ihrer Seite, rannte die Hausherrin durch den Garten in Richtung Straße – und ich hinterher. Mein Kollege und ich waren in diesem Moment völlig überfordert. Die Polizistin war angefordert, aber leider noch nicht eingetroffen, die Frau mit Beweismitteln unter ihrem Pullover auf der Flucht. In der ruhigen Villengegend entwickelte sich eine bizarre Verfolgungsjagd. Eine Frau ohne Schuhe, dafür mit Hund, verfolgt von einem bärtigen Mann. Zunächst rannten wir noch zwei- oder dreimal um ein Auto herum – wie beim Fangen spielen – bis die Dame abdrehte und eine Straße des Wohnviertels entlangtrabte, Hund und Steuerfahnder im Schlepptau.

Mit einem Mal rannte die Frau in eine Hofeinfahrt, klingelte an der Tür und entschwand blitzschnell in einem Hauseingang. Als ich an dem Haus ankam, konnte ich im Hintergrund ein aufgeregtes Stimmengewirr hören. Dem Türschild entnahm ich, dass es sich um die Praxis einer Allgemeinmedizinerin handelte. Als die Haustür nach meinem Klingeln endlich geöffnet wurde, stand mir eine gepflegte ältere Dame im weißen Kittel gegenüber. Durch einen kleinen Spalt konnte ich im Hintergrund gerade noch erkennen, wie die geflüchtete Hobbykünstlerin in einem Zimmer verschwand, und hörte, wie die Tür von innen mehrfach verriegelt wurde.

Ausweisen konnte ich mich nicht, da ich in der ganzen Aufregung meine Tasche mit Dienstausweis und Marke in der Villa der

Flüchtenden vergessen hatte. Aber die Ärztin schenkte meinen Angaben Glauben und ließ mich in das vornehme Haus eintreten. Sie erklärte mir, dass die Frau, die sich vor mir versteckt hielt, ihre Patientin sei und sie versuchen würde, die Dame wieder etwas zu beruhigen.

Nach vielen Minuten guten Zuredens öffnete die »Steuerflüchtige« endlich die Tür, und nachdem ihr die Ärztin eine Beruhigungsspritze gegeben hatte, konnte ich schließlich auch vernünftig und in aller Ruhe mit ihr reden. Mit dem Einverständnis der Ärztin durfte ich mich sogar ein wenig in dem Zimmer nach dem Heft umsehen. Aber: Ich konnte es leider nicht finden.

Eine gute Stunde später gingen wir gemeinsam mit der Ärztin zurück zu ihrem Haus, wo mein Kollege an der Seite einer Polizistin auf mich wartete. Ich erklärte der Polizeibeamtin, dass wir sie nun nicht mehr bräuchten, und bedankte mich für ihre Hilfe. Im Beisein der Ärztin schrieben wir noch unser Durchsuchungsprotokoll und beendeten dann diese vollständig aus dem Ruder gelaufene Aktion.

Zurück auf unserer Dienststelle, erleichtert, diese Angelegenheit irgendwie überstanden zu haben, beratschlagten wir, wie wir weiter vorgehen, und kamen überein, dass wir dieser Frau eigentlich nie wieder begegnen wollten. Die Durchsuchung der Büroräume ihres Mannes war erfolgreich gewesen, die Kollegen hatten alle Unterlagen gefunden, um die Steuerhinterziehung »rund« zu machen und die ganze Sache zu einem Abschluss zu bringen. Was also konnte man in diesem Fall noch wollen?

Seine Noch-Ehefrau hätten wir – nachdem sie die Unterlagen hatte verschwinden lassen – durchaus auch schätzen können, aber uns waren Lust und Jagdtrieb schlichtweg vergangen. Wir hatten uns in diesem Fall wahrhaftig nicht von unserer professionellsten

Seite gezeigt und schließlich doch gefunden, wonach wir gesucht hatten: Der Mann musste sechsstellig nachbezahlen. Und die Frau? Die wird diesen Tag wohl nie mehr vergessen. Aber sie hat fortan, wie ich später im örtlichen Finanzamt erfahren konnte, fleißig Steuern für die Einkünfte aus ihrer Hobbytöpferei bezahlt.

AUSSERGEWÖHNLICHE BELASTUNGEN – WENN FRAUEN SICH RÄCHEN

Den mache ich platt

Es waren immer die Augen. Die Haare konnten brünett sein, oder auch grau. Der Schmuck konnte auffällig blitzen oder fast unsichtbar scheinen. Die Kleidung mochte Aufsehen erregen, oder biederes Mittelmaß verraten, nur die Augen einer Frau, die nach Rache sann, ähnelten sich immer. Leer, kalt und zu allem entschlossen. Es waren diese Augen, die jedem Steuerfahnder im Laufe seines Arbeitslebens immer wieder begegneten, denn sie stehen für das Hauptmotiv vieler Anzeigen bei einer Steuerfahndungsstelle: Rache.

Wohl alle Finanzbehörden weltweit profitieren von den Rachegedanken enttäuschter Menschen. Ob es nun eine Frau ist, die von ihrem Gatten nach vielen gemeinsamen Jahren durch eine jüngere Gefährtin ersetzt wurde, oder der treu ergebene Buchhalter, der betriebsbedingt seinen Schreibtisch räumen musste und vor dem Arbeitsgericht verloren hatte. Es kann der erboste Nachbar oder der geprellte Geschäftspartner sein – irgendwann stehen diese aus irgendwelchen Gründen enttäuschten Menschen mit diesem zu allem entschlossenen Blick beim Pförtner eines Finanzamtes und fragen mit knappen Worten nach einem Mitarbeiter der Steuerfahndung.

Unsere Abteilung war in Spitzenzeiten mit bis zu 40 Mitarbeitern besetzt. In alphabetischer Reihenfolge wurde jeder von uns regelmäßig mit dem sogenannten Bereitschaftsdienst betraut. Eine nicht sonderlich beliebte Aufgabe, saß man doch den ganzen Tag an seinem Schreibtisch und musste alle eingehenden Anrufe entgegennehmen. Ob das nun Amtshilfegesuche von Kollegen aus anderen Städten oder Bundesländern waren, die in einem Steuerverfahren kurzfristig ein Frankfurter Bankschließfach versiegeln lassen mussten, – oder eben die Nachricht von der Pforte, dass jemand um ein vertrauliches Gespräch mit der Fahndung ersucht.

Die Dame, die an einem schönen Frühlingsnachmittag vor meinem Schreibtisch stand, wirkte ruhig und gefasst. Sie war äußerlich sehr gepflegt, Mitte 50 vielleicht, trug eine Kurzhaar-Strähnchen-Frisur, kaum Schmuck, hatte schöne, schlanke Hände und einen kaum vernehmbaren hessischen Akzent in ihrer leisen Stimme. Ein kurzer Blick in ihre eng zusammengekniffenen, gefühllosen Augen ließ mich schnell erraten, welche Art Geschichte sie mir in der folgenden halben Stunde erzählen würde.

Kurz und knapp umriss die Frau ihren Lebensweg in den vergangenen 35 Jahren. Mit Anfang 20 hatte sie geheiratet, ihr Mann war ein Handwerker im Heizungs- und Sanitärbereich, selbstständig, sie hatten bald zwei mittlerweile erwachsene Kinder, fünf Angestellte und einen gut gehenden Betrieb auf dem Land. Er war der Handwerker und Geschäftsführer, sie erledigte die Buchhaltung – die klassische Gewaltenteilung unzähliger mittelständischer Handwerksfirmen.

Es kamen, was in solchen Fällen fast immer kommen musste: die menschlichen Abgründe. Der Mann, 58 Jahre alt, geriet offenbar in eine Midlife-Crisis. Es begann mit einem Motorrad, dann kam der Sportwagen und schließlich die 27 Jahre alte Geliebte, die er sinnigerweise auf einem Tennisplatz kennengelernt hatte. Es folgten zwei Jahre Heimlichkeiten, Verdachtsmomente, Beteuerungen und Treueschwüre, bis er schließlich vor wenigen Monaten zwischen Weihnachten und Neujahr seiner Gattin mitgeteilt hatte, dass er ein neues Leben mit seiner Freundin beginnen wolle, und sie – seine langjährige Ehefrau – darin leider keinen Platz mehr hätte.

»Den mache ich platt«, sagte die Frau ohne jegliche Gefühlsregung. Ohne ihre Hilfe hätte ihr Mann es nie so weit gebracht, erklärte sie weiter. In seinem Handwerk wäre er zwar unumstritten, aber als Geschäftsmann wäre er ein Versager gewesen. Im Grunde hätte er ohne ihre Hilfe nicht einmal eine ordentliche Rechnung schreiben können. Das hatte sie, seine treue Gattin, übernommen. Das – wie auch die vielfältigen Manipulationen. Die Steuerhinterziehungen bezogen sich – wie in so vielen Fällen dieser Art – vornehmlich auf die Betriebsausgaben und natürlich die unzähligen Aufträge, die man ohne Rechnung erledigt hatte.

Die vordringlichste Frage bei der klassischen Steuerhinterziehung ist schließlich immer: Wie bekomme ich Gelder frei? Am leichtesten funktioniert dies in all den Branchen, in denen Bargeld im Spiel ist. Einzelhandel, Gastronomie und Handwerk. Die Frage »Brauchen Sie eine Rechnung?« lässt nur eine einzige Interpretation zu: Der Kunde spart sich die Mehrwertsteuer und der Unternehmer spielt einen guten Teil seiner Einnahmen am Finanzamt vorbei, zahlt weniger Steuern und verfügt über Gelder, die er offiziell gar nicht hat und die auch offiziell keine Zinsen einbringen, weil sie in der Schweiz liegen, sodass er sich zudem noch die Versteuerung seiner Kapitalerträge spart. Ein einfaches, äußerst lukratives Verfahren, das so lange gut geht, bis ein Steuerfahnder an der Tür steht.

Auch bei den Betriebsausgaben läuft in der Regel immer dasselbe Strickmuster ab: Private Anschaffungen werden dem Betrieb zugeschrieben. Die teuren Antiquitäten für das Eigenheim sind als Büromöbel deklariert, und das Motorrad wird über eine Reparaturrechnung am Geschäftswagen verbucht. Gerade mit besonders wertvollen Büro-Antiquitäten hatten wir es oft zu tun. In Bezug auf die übliche Abschreibungspraxis steht man hier jedoch vor größeren Problemen. Denn im Vergleich zu einem Tisch, der über fünf Jahre hinweg abgeschrieben wurde und am Ende vielleicht noch einen Euro wert ist, ändert sich der Wert bei Antiquitäten ganz anders. Einmal ganz abgesehen davon, dass wir solche wertvollen Möbel so gut wie nie in den durchsuchten Geschäftsräumen finden konnten, liegt es in der Natur der Sache, dass antike Möbel mit den Jahren eher an Wert hinzugewinnen oder diesen zumindest halten können. Man steht also vor einem echten Abschreibungsproblem.

Auch die Tricks mit dem fingierten Firmenfuhrpark oder der privaten Unterhaltungselektronik waren uns bestens bekannt. Besonders in ländlichen Räumen ist diese Art der Geschäftspraxis gängig. Den örtlichen TV-Händler kennt man aus einem Verein oder noch aus der Schule, und es ist völlig klar, dass auf der Rechnung für den neuen Flachbild-Fernseher ein Firmen-PC aufgeführt wird. Solche kleinen Deals laufen zum Teil ganz automatisch oder werden mitunter auch eingefordert: »Ich kauf' den Motorroller aber nur, wenn du mir eine Rechnung über einen Autoservice schreibst.« Oder sie gehören zum Kundenservice des Unternehmens selbst: »Was soll ich denn auf die Rechnung schreiben?«

Die Betriebsausgaben steigen mit solchen kleinen Mauscheleien natürlich, der Gewinn sinkt und die Steuerbelastung wird somit für den Durchschnittsunternehmer auf einfachstem Wege immer geringer. Die auf diese Art und Weise erwirtschafteten Gelder wandern – wie im Falle des Sanitärinstallateurs – in aller Regel auf ein Auslandskonto, das dem örtlichen Finanzamt selbstverständlich unbekannt ist.

Die Täterin bleibt straffrei

Der Auftritt der Handwerkergattin in meinem Büro eskalierte am Ende. Die junge Frau an der Seite ihres abtrünnigen Ehemanns wurde von ihr mit Begriffen wie Flittchen oder Schlampe beschrieben, der Gatte selbst als schwanzgesteuerter Idiot tituliert, der diese wertvolle Beziehung einfach wegwerfen wolle und aus diesem Grund vernichtet werden sollte.

Für einen Steuerfahnder sind Auftritte dieser Art von zwiespältigem Charakter. Einerseits muss er sämtliche privaten und zum Teil intimen Aspekte einer solchen Lebensbeichte vollkommen ausklammern, zum anderen ist er dazu verpflichtet, einer derartig detailgetreuen Schilderung von Steuervergehen professionell nachzugehen – frei von etwaigen Gefühlen wie Sympathie, Antipathie oder heimlichen männlichen Solidaritätsgedanken. Was in Fällen wie diesem jedoch am schwierigsten zu verdauen ist, ist die Tatsache, dass der eigentliche »Täter« – in diesem Fall die gewiefte Ehefrau – straffrei aus der ganzen Sache hervorging.

Der Ehemann war in den offiziellen Papieren der Eigentümer und Geschäftsführer des Betriebs und somit auch derjenige, der vom Finanzamt in die Pflicht genommen werden musste, obwohl die Steuerhinterziehung von der Ehefrau begangen worden war, die über die Jahre hinweg die gesamte Buchhaltung beherrscht hatte. Da sie nach außen hin jedoch nur als Angestellte gehandelt hatte und der wirtschaftliche Vorteil allein bei ihrem Gatten lag, wurde sie lediglich als Beihelferin betrachtet, die überdies durch ihre Selbstanzeige auch noch straffrei ausging. Ein harter Brocken, nicht nur für den Gatten, der nach der Aussage seiner Frau so gut wie überführt war.

Wir haben uns bei Fällen dieser Art nicht selten darüber gewundert, mit welcher selbstzerstörerischen Wucht betrogene Frauen mitunter in die Schlacht gegen ihre Männer zogen. Rache und Missgunst überdeckten alles andere. Ganz egal, wie groß bei diesen Selbstanzeigen der eigene finanzielle Schaden war, diese Frauen schossen mit großem Kaliber in das gemeinsam erschaffene Schattenvermögen. Bei dieser Schlacht ging es letztlich nur darum, dass man seinem Ex-Mann und vor allem dessen neuer Partnerin eine gewisse finanzielle Unabhängigkeit einfach nicht gönnte. Warum aber, so fragten wir uns immer wieder, haben diese Frauen ihre Männer nicht einfach unter Druck gesetzt und ihnen mit der Anzeige gedroht? Sie hätten von Fall zu Fall mit Sicherheit einen Großteil des heimlich angehäuften Vermögens für sich selbst abzweigen können. Stattdessen sind sie mit ihren gefühlsleeren Augen in ein Finanzamt marschiert und haben ihre Männer ohne jede Skrupel ans Messer geliefert.

In diesem Fall hatten wir also leichtes Spiel. Die Frau machte alle Angaben, die nötig waren, um ihren Ehemann ohne Umschweife in erhebliche Schwierigkeiten zu bringen. Sie erzählte, wo wir den offiziellen Tresor finden würden, aber auch den geheimen – hinter den Getränkekisten im Keller. Fein aufgelistet übergab sie uns eine Liste mit sämtlichen Bankkonten im In- und Ausland, den wichtigsten Manipulationen in den Büchern, einen

Ordner mit kopierten Quittungen sowie eine gut geführte Kladde über alle schwarz erarbeiteten Geldeingänge. Ein veritabler Plattschuss.

Im Gegensatz zu allen anderen Straftaten erlaubt der Gesetzgeber im Steuerstrafrecht das Instrument der Selbstanzeige, wodurch Menschen, die dieses Mittel in Anspruch nehmen, zumindest strafrechtlich schadlos aus der ganzen Angelegenheit gehen können. Fiskalisch kommen auf die Betroffenen in voller Härte Steuernachzahlungen zu, aber sie müssen aufgrund der Selbstanzeige nicht befürchten, nach Abschluss des Verfahrens mit einer Vorstrafe leben zu müssen. Die Selbstanzeige ist in § 371 der Abgabenordnung (AO) geregelt:

»*(1) Wer in den Fällen des § 370 unrichtige oder unvollständige Angaben bei der Finanzbehörde berichtigt oder ergänzt oder unterlassene Angaben nachholt, wird insoweit straffrei.*

(2) Straffreiheit tritt nicht ein, wenn

1. vor der Berichtigung, Ergänzung oder Nachholung

a) ein Amtsträger der Finanzbehörde zur steuerlichen Prüfung oder zur Ermittlung einer Steuerstraftat oder einer Steuerordnungswidrigkeit erschienen ist oder

b) dem Täter oder seinem Vertreter die Einleitung des Straf- oder Bußgeldverfahrens wegen der Tat bekannt gegeben worden ist oder

2. die Tat im Zeitpunkt der Berichtigung, Ergänzung oder Nachholung ganz oder zum Teil bereits entdeckt war und der Täter dies wusste oder bei verständiger Würdigung der Sachlage damit rechnen musste.

(3) Sind Steuerverkürzungen bereits eingetreten oder Steuervorteile erlangt, so tritt für einen an der Tat Beteiligten Straffreiheit nur ein, soweit er die zu seinen Gunsten hinterzogenen Steuern innerhalb der ihm bestimmten angemessenen Frist entrichtet.

(4) Wird die in § 153 vorgesehene Anzeige rechtzeitig und ordnungsmäßig erstattet, so wird ein Dritter, der die in § 153 bezeichneten Erklärungen abzugeben unterlassen oder unrichtig oder unvollständig abgegeben hat, strafrechtlich nicht verfolgt, es sei denn, dass ihm oder seinem Vertreter vorher die Einleitung eines Straf- oder Bußgeldverfahrens wegen der Tat bekannt gegeben worden ist. Hat der Dritte zum eigenen Vorteil gehandelt, so gilt Absatz 3 entsprechend.«

Unsere betrogene Ehefrau, die im Namen ihres Mannes über Jahre hinweg Steuern hinterzogen hatte, musste also keinerlei Konsequenzen erwarten. Da sowohl das Geschäft wie auch sämtliche Konten ausschließlich auf den Namen ihres Gatten liefen, war einzig und allein er fällig.

Nachdem die Ehefrau uns alles erzählt hatte, folgte die normale Dienstroutine: Die Dame wurde belehrt, ihre Anzeige protokolliert und von ihr eigenhändig unterschrieben. Dadurch waren wir in der Lage, einen sogenannten Vorgang anzulegen. Die Sache bekam ein Aktenzeichen, beim Wohnsitzfinanzamt des noch unwissenden Handwerkers wurde die Steuerakte angefordert, danach ausgewertet und schließlich über unsere Bußgeld- und Strafsachenstelle ein Durchsuchungsbeschluss beim zuständigen Amtsgericht beantragt. Sobald der vorbereitete Beschluss von einem Ermittlungsrichter unterschrieben war, konnten wir loslegen.

Durchsuchungsbeschlüsse umfassen in der Regel den Betrieb und das Wohnhaus, aber auch Neben- und Ferienwohnungen sowie Bankschließfächer. Da wir in unserem Falle eine detaillierte Selbstanzeige vorliegen hatten, die uns im Grunde das gesamte Insiderwissen lieferte, waren Eigenrecherchen von unserer Seite kaum noch nötig. Normalerweise bereiteten wir eine bevorstehende Untersuchung gründlich vor. Wohnhaus und Betrieb wurden vorab gesichtet, um festzustellen, wie viele Eingänge vorhanden waren. Man versuchte zu überprüfen, ob man es mit Hunden zu tun bekommen könnte und mit wie vielen Mitarbeitern in dem Betrieb zu rechnen war. All dies waren Vorsichtsmaßnahmen, um böse Überraschungen so weit wie nur möglich zu vermeiden. In unserem Fall kamen wir zu dem Ergebnis, dass wir zeitgleich mit drei Mitarbeitern in das Privathaus und mit fünf Leuten in den Betrieb gehen würden, und ein Kollege das uns bekannte Bankschließfach versiegeln sollte.

Das war bestimmt meine Alte

Etwa zwei Wochen nach dem Besuch der verlassenen Ehefrau in unserer Dienststelle war alles vorbereitet. Morgens um acht Uhr trafen wir uns zur Einsatzbesprechung, erledigten die Einteilung in Bezug auf Wohnhaus, Bank und Firma, und nur etwa eine Stunde später hörte der noch immer gänzlich ahnungslose Heizungsinstallateur meine übliche Begrüßungsformel: »Mein Name ist Frank Wehrheim, gegen Sie ist ein steuerstrafrechtliches Ermittlungsverfahren eingeleitet worden. Wir haben einen Durchsuchungsbeschluss und müssen nun Ihre Geschäftsräume und Ihre Wohnung durchsuchen. Es besteht der Verdacht der Steuerhinterziehung.«

Noch während ich dem erschrockenen Mann meinen Dienstausweis und die Dienstmarke zeigte, hörte ich ein leises »Das war bestimmt meine Alte« aus seinem Mund. Schon auf den ersten Blick konnte ich aus Erfahrung erkennen, ob wir es mit einem ruhigen, kooperativen Gegenüber zu tun hatten, oder ob uns bei der Aktion Konflikte bevorstehen würden. Hier war die Sache eindeutig: Der Mann war nicht mehr Herr der Lage. Innerlich war er in einem Bruchteil einer Sekunde zusammengebrochen und wusste offenbar sofort, dass er überhaupt keine Chance hatte.

Nun könnte man vielleicht erwarten, dass ein Beschuldigter in diesem Augenblick spontan zum Mittel der Selbstanzeige greifen würde, um gleichsam in letzter Sekunde Straffreiheit zu erlangen, doch das ist juristisch nicht mehr möglich. Sobald ein Steuerfahnder mit einem richterlichen Beschluss vor der Tür steht und sich vorgestellt hat, ist das Verfahren eröffnet. Es gab in der Tat schon Fälle, in denen es im allerletzten Moment auf wundersame Weise zu Selbstanzeigen kam – was fast immer auf Indiskretionen zurückzuführen war. Bei Ermittlungen gegen einen großen Sportverband etwa musste eine Stunde vor Beginn des bundesweiten Einsatzes die Aktion abgeblasen werden. Hier waren buchstäblich in letzter Minute die Selbstanzeigen der beteiligten Beschuldigten eingegangen. Doch es waren nicht nur prominente Fälle, bei denen sich Mitarbeiter einer Finanzbehörde oder des beteiligten Gerichts aus welchen Gründen auch immer berufen fühlten, eine bevorstehende Durchsuchung auszuplaudern und die bis dahin ahnungslosen Steuersünder zu warnen. Solche Pannen kamen häufig auch im ländlichen Raum vor, wenn die beteiligten Steuerfahnder nicht vorsichtig genug waren.

Die undichte Stelle war nicht selten im Umfeld des sogenannten Durchsuchungszeugen zu finden. Zur Erklärung: Die Strafprozessordnung sieht vor, dass der Beschuldigte bei Durchsuchungen nach einem Zeugen verlangen darf, der die ganze Maßnahme unabhängig und neutral beobachten soll. Das war auch für uns immer wieder wichtig, wenn besonders aufgebrachte Beschuldigte hinterher behaupteten, wir hätten uns unflätig benommen oder bei der Hausdurchsuchung Wertgegenstände beschädigt. Dieser Zeuge darf jedoch nicht der Staatsanwaltschaft unterstellt sein, also nicht aus dem Bereich der Polizei kommen, und so kam man im Laufe der Jahre überein, dass man sich bei den betreffenden Gemeindeverwaltungen Beamte – also Ratschreiber oder Standesbeamte – als Durchsuchungszeugen gewissermaßen auslieh.

Kündigte man eine Durchsuchung an und fragte nach einem Gemeindemitarbeiter, kam natürlich immer sofort die Frage: »Wo geht's denn hin?« Und genau hier lag die größte Gefahr. Keiner von uns konnte wissen, ob der Durchsuchungszeuge möglicherweise mit dem Beschuldigten verwandt, befreundet oder gar kommunalpolitisch verbrüdert war. Um etwaige Loyalitätskonflikte auszuschließen, haben wir die Gemeindebeamten in der Regel erst auf der Fahrt zum Durchsuchungsobjekt vollständig über unser Ziel aufgeklärt. Natürlich auch deswegen, um ärgerlichen Last-Minute-Selbstanzeigen vorzubeugen.

Es soll an dieser Stelle jedoch nicht verschwiegen werden, dass auch ein Kollege von der Steuerfahndung einmal einen bundesweiten Großeinsatz vermasselt hat. Der Mann hatte sich bei seinem Durchsuchungsbeschluss schlicht um eine Woche vertan. Geplant war eine landesweit konzertierte Aktion bei einem Großunternehmen. Dieser Kollege marschierte tatsächlich an einem Mittwoch in eine Bank, um verschiedene Schließfächer zu versiegeln. Dummerweise war er jedoch eine Woche zu früh. Das im Visier der Steuerfahndung stehende Unternehmen wurde aufgrund dieser Dummheit natürlich gewarnt und hatte ausreichend Zeit, belastende und verfängliche Unterlagen auf alle Ewigkeit verschwinden zu lassen.

Unser Handwerker verzichtete auf den Durchsuchungszeugen. Streng nach Vorschrift wurde der Mann von uns belehrt und ihm wurde zu verstehen gegeben, dass er außer zu seinen Personalien keine weiteren Angaben machen musste. So gezielt, wie wir in den folgenden Stunden in seinem Betrieb und seinem Wohnhaus nach belastenden Unterlagen gesucht haben, war dem gebrochenen Mann schnell bewusst, dass er kaum noch eine Chance hatte, glimpflich aus diesem Steuerverfahren hinauszukommen.

Wenn ich heute zurückblicke, wird mir die Beklemmung, die Beispiele wie diese bergen, wieder auf erschreckende Art und Weise bewusst. Das waren nicht die Fälle, die uns Steuerfahndern Spaß gemacht haben. Hinter solchen Geschichten standen immer auch menschliche Tragödien. Mit Jäger und Beute hatte das Ganze nur sehr wenig zu tun. In Fällen wie diesen war der Steuerfahnder Beichtvater, stiller Zeuge von schlimmsten Zerwürfnissen und gleichzeitig knallharter Vollstrecker, der sich bemühen musste, alles Private – auch die persönlichen Gefühle – auszublenden. Der Staat holt sich über das Instrument der Steuerfahndung die Informationen, die er braucht, um das durchzusetzen, was er für richtig hält. Persönliche Gefühle, Befindlichkeiten oder Rechtfertigungen haben in einem solchen Umfeld keinen Raum.

Am Ende profitieren der Steuerfahnder und sein Auftraggeber – der Staat – von den menschlichen Schwächen seiner Bürger. Hier die Frau, die sich von ihrem Ehemann nach Jahrzehnten des gemeinsamen Lebens verraten fühlte und aus diesem Grund ihren

Mann angeschwärzt hat. Dort der einfache, naive Handwerker, der das Wirken seiner Gattin natürlich unterstützt und auch persönlich davon profitiert hat, und nun im schlimmsten Fall mit einer Gefängnisstrafe rechnen musste.

Denn § 370 der Abgabenordnung (AO) regelt in Deutschland den Tatbestand der Steuerhinterziehung wie folgt:

»(1) Mit Freiheitsstrafe bis zu fünf Jahren oder mit Geldstrafe wird bestraft,

1. *wer den Finanzbehörden oder anderen Behörden über steuerlich erhebliche Tatsachen unrichtige oder unvollständige Angaben macht,*
2. *die Finanzbehörden pflichtwidrig über steuerlich erhebliche Tatsachen in Unkenntnis lässt oder*
3. *pflichtwidrig die Verwendung von Steuerzeichen oder Steuerstemplern unterlässt und dadurch Steuern verkürzt oder für sich oder einen anderen nicht gerechtfertigte Steuervorteile erlangt.*

(2) Der Versuch ist strafbar.

(3) In besonders schweren Fällen ist die Strafe Freiheitsstrafe von sechs Monaten bis zu zehn Jahren. Ein besonders schwerer Fall liegt in der Regel vor, wenn der Täter

1. *in großem Ausmaß Steuern verkürzt oder nicht gerechtfertigte Steuervorteile erlangt,*
2. *seine Befugnisse oder seine Stellung als Amtsträger missbraucht,*
3. *die Mithilfe eines Amtsträgers ausnutzt, der seine Befugnisse oder seine Stellung missbraucht,*

4. *unter Verwendung nachgemachter oder verfälschter Belege fortgesetzt Steuern verkürzt oder nicht gerechtfertigte Steuervorteile erlangt, oder*

5. *als Mitglied einer Bande, die sich zur fortgesetzten Begehung von Taten nach Absatz 1 verbunden hat, Umsatz- oder Verbrauchssteuern verkürzt oder nicht gerechtfertigte Umsatz- oder Verbrauchssteuervorteile erlangt.*

(4)   Steuern sind namentlich dann verkürzt, wenn sie nicht, nicht in voller Höhe oder nicht rechtzeitig festgesetzt werden; dies gilt auch dann, wenn die Steuer vorläufig oder unter Vorbehalt der Nachprüfung festgesetzt wird oder eine Steueranmeldung einer Steuerfestsetzung unter Vorbehalt der Nachprüfung gleichsteht. Steuervorteile sind auch Steuervergütungen; nicht gerechtfertigte Steuervorteile sind erlangt, soweit sie zu Unrecht gewährt oder belassen werden. Die Voraussetzungen der Sätze 1 und 2 sind auch dann erfüllt, wenn die Steuer, auf die sich die Tat bezieht, aus anderen Gründen hätte ermäßigt oder der Steuervorteil aus anderen Gründen hätte beansprucht werden können.«

Ich selbst hatte in Fällen wie dem des Installateurs nie dieselbe kriminelle Energie entdecken können, die andere Verbrecher an den Tag gelegt haben – mit denen er im schlimmsten Fall seine Zelle hätte teilen müssen. Den Schaden, den er durch seine jahrelangen Mauscheleien am Gemeinwohl angerichtet hatte, habe ich sehr wohl gesehen. Aber war das nun tatsächlich ein Mensch, den man vor einem deutschen Amtsgericht verurteilen und temporär von der Gesellschaft ausschließen musste? Den man in ein Gefängnis schicken oder mit dem Stigma einer Vorstrafe brandmarken musste?

Ein teurer Spaß

In allen Fällen sind strafrechtlich die vergangenen fünf Jahre relevant, während man steuerrechtlich für zehn Jahre zur Verantwortung gezogen wird. Ein Beispiel soll verdeutlichen, wie im Falle einer festgestellten Steuerhinterziehung gerechnet wird.

Angenommen, ein Unternehmer hat zwischen 1999 und 2008 jährlich 50 000 Euro Steuern hinterzogen – also rund 100 000 Euro Einnahmen pro Jahr nicht beim Finanzamt angegeben. In diesem Fall würden die geänderten, neuen Steuerbescheide im April 2010 ergehen und die Rechnung würde wie folgt aussehen:

Steuer	Zinsen (pro Jahr 6 % plus 4 Monate)	Betrag
1999: 50 000 Euro	64 %	32 000 Euro
2000: 50 000 Euro	58 %	29 000 Euro
2001: 50 000 Euro	52 %	26 000 Euro
2002: 50 000 Euro	46 %	23 000 Euro
2003: 50 000 Euro	40 %	20 000 Euro
2004: 50 000 Euro	34 %	17 000 Euro
2005: 50 000 Euro	28 %	14 000 Euro
2006: 50 000 Euro	22 %	11 000 Euro
2007: 50 000 Euro	16 %	8 000 Euro
2008: 50 000 Euro	10 %	5 000 Euro
Summe: 500 000 Euro Steuer		Zinsen: 185 000 Euro

Eine Rechnung, die es in sich hat. Insgesamt müsste dieser über-führte Steuerhinterzieher aber mehr als 685 000 Euro nachzah-len, wenn ihm zusätzlich strafrechtlich noch die Jahre 2004 bis 2008 zur Last gelegt würden und somit auch noch eine Geldstra-fe in beträchtlicher Höhe hinzukäme.

Für die zehn Jahre, die steuerrechtlich relevant sind, werden 6 Prozent Zinsen pro Jahr in Rechnung gestellt. Für 1999 kom-men demgemäß 10 x 6 Prozent plus 4 Prozent (jeweils 1 Pro-zent) für die Monate Januar bis April im Jahr des neuen Steuer-bescheids 2010 zusammen. Und von diesen 64 Prozent werden dann bis 2008 pro Jahr 6 Prozent Zinsen angesetzt, wie die Bei-spielrechnung zeigt.

Für unseren Handwerker kam eine Steuernachzahlung in Höhe von rund 500 000 Euro zusammen. Strafrechtlich wurden ihm 280 000 Euro zur Last gelegt, was am Ende zu einer Bewährungs-strafe führte. Dass die Ehefrau mit ihrer Anzeige auch noch den einen oder anderen örtlichen Unternehmer mit in den Strudel hi-neingezogen hat, sei nur am Rande erwähnt. Denn es ist natür-lich klar, dass die Steuerfahnder bei der Vielzahl der fingierten Betriebskosten auch ein paar beteiligte Elektro- und Autohändler in der Region unter die Lupe nehmen mussten. Die Dame wird diese Konsequenzen bei ihrem Rachfeldzug nicht bedacht haben. Aber das war im Grunde nur ein kleiner Nebenkriegsschauplatz. Eine betrogene Ehefrau aus dem Großraum Kassel hat mit ihrer Anzeige am Ende eine ganze Branche ins Visier der bundesdeut-schen Steuerfahndung gebracht.

GOLDFINGER –
DAS GEHEIMNIS DER ÄRZTE

Den Zahn gezogen

Es war keine besonders auffällige Geschichte in den »Fahndungs-
nachrichten«, dem bundesweiten Informationsblatt für Steuerfahnder. Dort berichtete ein Ermittler aus Kassel von dem Fall
eines Zahnarztes. Dieser hatte – so brachte es seine verlassene
Ehefrau zur Anzeige – über Jahre hinweg die Goldabfälle seiner
Patienten gesammelt und am Ende jedes Jahres in eine »Scheideanstalt« gegeben, wo die Edelmetallkrümel geschmolzen und
geschieden wurden. Der Arzt erhielt dann einen Verrechnungsscheck über den Wert des herausgeschmolzenen Goldes.

Der Fahnder in Kassel war der Ansicht, dass hinter diesem
Fall ein sogenanntes Strickmuster stecken könnte und empfahl
seinen Kollegen bundesweit, bei Zahnärzten und Dentallabors
künftig etwas genauer hinzuschauen. Das wurde dann auch
gemacht.

Zunächst hatte man jedoch versucht, die Scheideanstalten wegen Beihilfe zur Steuerhinterziehung zu belangen – schließlich
boten diese den Service an, die angefallenen Beträge in Form von
Verrechnungsschecks auszuzahlen, die von den Zahnärzten überall eingelöst werden konnten; damit tauchten die Beträge so gut
wie nie in den offiziellen Büchern auf. Es blieb allerdings bei dem

Versuch, denn Verrechnungsschecks waren und sind selbstverständlich legale Zahlungsmittel.

Uns erschien es merkwürdig, dass Zahnärzte die Goldstücke, die sie ihren Patienten entfernt hatten, so einfach für sich behalten konnten. Erfahrungsgemäß fragen nur die wenigsten Patienten nach ihren Kronen oder Inlays – ob das nun an der besonderen Situation auf dem Zahnarztstuhl liegt oder an der Betäubung – wir wissen es nicht. Ich selbst konnte erleben, dass dies von den Zahnärzten, die mich im Laufe der Jahre behandelt hatten, sehr unterschiedlich gehandhabt wurde. Mal legte man mir tatsächlich mein Zahngold in einer kleinen Dose hin, mal verschwand das Edelmetall auf wundersame Weise – und ich bin davon überzeugt, dass es nie im Abfall landete.

Fakt ist, dass alles, was ein Zahnarzt in seiner Praxis erwirtschaftet, auch in der Buchhaltung auftauchen und am Ende versteuert werden muss. Das geschah in vielen Fällen jedoch nicht. Gut laufende Praxen mit eigenem Labor und auch Dentallabore konnten allein auf diese Weise pro Jahr Zahngold im Wert von bis zu 10 000 Euro sammeln, was steuerrechtlich über zehn Jahre gerechnet mehr als 100 000 Euro einbrachte. Es versteht sich von selbst, dass diese Gelder in aller Regel – da ohne Verbuchung vereinnahmt – in ausländischen Banken lagen und somit auch am Fiskus vorbei verzinst wurden. Ein hübsches Taschengeld. Aber es ging noch weiter. Im Laufe der Jahre deckte die Steuerfahndung noch ganz andere Machenschaften der Dentalbranche auf.

Im Laufe unserer Ermittlungen stellte sich heraus, dass Zahnärzte häufig auf Betriebskosten Gold einkauften, das nie in der Praxis verarbeitet wurde. Gerne im Dezember, wenn der betreffende Arzt feststellte, dass er seine satten Gewinne noch ein wenig über die Betriebskosten drücken konnte. Ein Kilo Zahngold pro

Jahr, 30 Jahre lang im Tresor gesammelt und am Ende der Karriere zum Scheiden gegeben, ergab rund 25 Kilogramm Feingold und somit einen feinen Rentenzuschuss in Höhe von einer Million Mark, der nicht nur über die Jahre hinweg die Steuerbelastung der Praxis drückte, sondern auch bei der finalen Gutschrift durch die Scheideanstalt in Gestalt eines Verrechnungsschecks oder in bei jeder Bank zu tauschenden Goldbarren erfolgte. Es dürfte klar sein, dass dies nicht in den Büchern auftauchte.

Weitere Ermittlungen und Überprüfungen haben dann ergeben, dass sich der eine oder andere Zahnarzt gar nicht erst die Mühe gemacht hat, den umständlichen Weg über das Zahngold zu gehen, sondern direkt barrenweise Feingold eingekauft hat – über die Praxisbücher. Den Betriebsprüfern wurde immer wieder weisgemacht, dass dieses Gold in der Praxis verarbeitet werden würde, was die Prüfer in der Regel auch über Jahre so hingenommen haben. Und genau an diesem Beispiel offenbaren sich die signifikanten Unterschiede zwischen Finanzbeamten, Betriebsprüfern und Steuerfahndern. Während der durchschnittliche Finanzbeamte sein Leben lang Steuerunterlagen in der Behörde sichtet, prüft und kontrolliert, ist der Betriebsprüfer zwar in der Regel vor Ort, er untersucht jedoch nach Voranmeldung die Buchhaltungen von Unternehmen, um Unstimmigkeiten zu finden. Die Steuerfahnder dagegen erscheinen unangemeldet, mit einem Durchsuchungsbeschluss, und können direkt Einblick in sämtliche vorhandene Unterlagen nehmen.

Ein guter Steuerfahnder verfügt über mindestens genau so viel kriminelle Fantasie wie seine Gegner. Mit dem einen, entscheidenden Unterschied: Er stellt dieses Potenzial dem Staat zur Verfügung, um Steuersünder zu überführen. Der Gegner indes stammt nur selten aus dem klassischen kriminellen Milieu. Er trägt häufig weiße, gestärkte Hemdkragen – neudeutsch »White-Collar-Krimineller« –, trägt teure Uhren und fährt schnelle Autos. Oder wohnt ganz einfach nebenan: gut bürgerlich, bisweilen spießig, fleißig, unbescholten – der typische Deutsche.

Die Fahndung des Finanzamtes Frankfurt konnte bei einer Wohnungsdurchsuchung sogar einen Schmelzofen finden. Darin hatten ganz findige Steuerexperten Gold bei 1064 Grad Celsius selbst eingeschmolzen. Man fuhr in die Benelux-Staaten, kaufte dort Gold – frei von Mehrwertsteuer – und schmolz diese kleinen Barren in dem Ofen ein. Man warf ein wenig Silber dazu, ein paar Schlüsselrohlinge oder Kupfer-Blumentöpfe, damit ein paar Beimetalle enthalten waren, gab diese Mischung dann in eine Scheideanstalt und kassierte den Wert des Goldes als Gutschrift inklusive Mehrwertsteuer. Die wurde dann über einen Ring von Scheinfirmen, die lediglich Rechnungen schrieben, am Ende nicht an das Finanzamt abgeführt. Ein lukratives Geschäft, das von Zoll und Steuerfahndung vereitelt wurde und für die Täter mehrjährige Haftstrafen nach sich zog. Spätestens nach Abschluss unserer Goldermittlungen war mir eines klar geworden: Männer unterschätzen leider viel zu oft ihre Frauen.

Kein Leben im Haus

Eine anonyme Anzeige führte uns eines Tages in die moderne, fein eingerichtete Praxis eines Zahnarztes von allerbestem Ruf. Das übliche Prozedere lief der Durchsuchung voraus: Aussage, Protokoll und schließlich ein Durchsuchungsbeschluss. Hierbei gilt es zu betonen, dass die Beschlüsse, die Richtern zur Unterschrift vorgelegt werden, äußerst detailliert sein müssen. Der Verdacht der Steuerhinterziehung muss wohl begründet und die zu suchenden Beweismittel exakt dargestellt werden. Hier verlangt die Gesetzgebung, dass nicht einfach ins Blaue hinein ermittelt werden darf, sondern bereits konkrete Hinweise vorliegen müssen. Die hatten wir in diesem Fall: Gold!

Bei der Durchsuchung der Praxis ließen wir uns sämtliche Buchhaltungsunterlagen geben. Ich bemerkte sofort, wie sich das selbstsichere Verhalten des Zahnarztes änderte, als ich ihn nach seinem Tresor fragte. Es wäre sinnlos gewesen, uns die Existenz dieses Tresors zu verschweigen, so wie es auch zwecklos gewesen wäre, den Schrank nicht zu öffnen, denn in diesem Fall hätten wir ganz einfach einen Experten herbeigeholt, der so etwas von Berufs wegen kann und darf.

Der Arzt selbst öffnete also den Tresor, und uns blitzten unter anderem wunderschöne Goldbarren entgegen. Reinstes Feingold, das in den Büchern natürlich sorgfältig als Betriebsausgabe angeschafft worden war. Auf die Frage, was es mit dem Gold auf sich hätte, erklärte der Zahnarzt, das Edelmetall für seine Patienten zu brauchen. Nun waren wir nach diversen Überprüfungen im Dentalbereich bereits hinreichend informiert – wussten so gut wie alles über Fein- und Zahngold – und offenbarten dem Arzt unsere Zweifel an seiner Geschichte. Der erwiderte, dass er noch ein Dentist alter Prägung sei, bei seinen Patienten stets nur mit geschmolzenem Feingold arbeiten würde und von der Modeerscheinung Zahngold nur sehr wenig halte.

Das konnte man glauben. Oder eben nicht. Wir nahmen uns die Mitarbeiter des zur Praxis gehörenden Zahnlabors und die Sprechstundenhilfen vor und befragten diese nach den außergewöhnlichen Behandlungsmethoden ihres Chefs – und bekamen keine Auskunft. Erst als wir die Angestellten darauf aufmerksam machten, welche Folgen ihre Aussagen im Zweifel haben könnten, räumten sie mit leiser Stimme ein, dass auch in dieser Praxis ausschließlich mit Zahngold gearbeitet würde. So, wie es auch in den Patientenkarteien aufgeführt sei. Treffer, versenkt. An die genaue Höhe dieser Nachzahlung vermag ich mich heute nicht mehr zu erinnern, aber ich weiß, dass der Dentist diesen Betrag nicht aus der Portokasse bezahlen konnte.

Die skurrilste Zahnarztgeschichte erlebten wir jedoch etwas später. Das Ganze fing damit an, dass ein Zahnarzt aus Hessen gemeinsam mit seiner jungen, hübschen Helferin an der Schweizer Grenze kontrolliert wurde. Aufgefallen waren die beiden, weil sie erstaunlich viele Einkaufstüten renommierter Modegeschäfte auf dem Rücksitz des Wagens liegen hatten, was – im Rückblick – nicht besonders klug war. Aber der Mann war ein erfolgreicher Zahnarzt in dritter Generation sowie Eigentümer mehrerer Mietshäuser in bester Lage und Inhaber einer gut gehenden Praxis.

Bei der Durchsuchung des Autos fiel den deutschen Zollbeamten ein Umschlag mit Auszügen einer Schweizer Bank auf, woraufhin sie den Mann zu einer kurzen Befragung in das Zollgebäude baten. Dort kam man überein, die Bankauszüge des Arztes zu kopieren, in einen versiegelten Umschlag zu stecken, an das regionale Finanzamt zu schicken und den Umschlag zu gegebener Zeit im Beisein seines Anwaltes zu öffnen. Gleichzeitig ging – wie in solchen Fällen üblich – eine Kontrollmitteilung an die zuständige Steuerfahndung Frankfurt raus.

Und so kam es, dass wir nach einigen Wochen Vorrecherche – einen Durchsuchungsbeschluss in der Hand – bei dem Zahnarzt vor der Tür standen. Wohnhaus, Praxis, Wochenendhaus, Bankschließfach, das Komplettprogramm. Von dem Bankschließfach sind wir einfach automatisch ausgegangen, weil Klienten seiner Größenordnung fast immer Schließfächer besitzen – den Namen der Bank konnten wir leicht seiner Steuerakte entnehmen. Unser Verdacht fiel grundsätzlich auf Gold, weil das Vermögen auf dem Schweizer Konto – so, wie es uns der Zoll mitgeteilt hatte – deutlich höher war, als es die Gewinne aus der Praxis und die Einkünfte aus den Mietwohnungen erlaubt hätten.

Hierbei sei erwähnt, dass versierte Steuersünder ihre bekannten inländischen Konten meistens auf die offiziell versteuerten Einkünfte abstimmen. Das heißt: Wenn nicht die Anzeige einer betrogenen Ehefrau, eines neidischen Nachbarn oder wie in diesem Fall der Hinweis eines aufmerksamen Zollbeamten vorliegen, entstehen vorderhand keine Verdachtsmomente. Die an der Steuer vorbeigeleiteten Gelder landen in der Regel auf ausländischen Konten, von denen der Fiskus unter normalen Umständen nichts erfährt.

Die Durchsuchung der Arztpraxis ergab gar nichts. Der Zahnarzt zeigte sich zwar kooperativ und gab freundlich wertlose Auskünfte, überließ uns aber nach einiger Zeit kampflos das Feld und fuhr mit seinem Wagen davon. Das durfte der Mann auch, schließlich war er als Beschuldigter in einem Steuerverfahren nur dazu verpflichtet, uns die Tür zu öffnen und Angaben zu seiner Person zu machen. Er war jedoch nicht festgenommen und konnte gehen, wohin er wollte. Da wir zeitgleich sein Bankschließfach versiegelt hatten, mussten wir nicht befürchten, dass er während seiner Abwesenheit etwas verschwinden ließ. Das zumindest dachten wir.

Am späten Nachmittag aber erhielt ich einen Anruf von den Kollegen, die mit der Durchsuchung des Wohnhauses betraut waren – und die hatten eine interessante Entdeckung gemacht:

Es existierte offenbar ein weiteres Schließfach bei einer anderen Bank. Als wir kurz vor Schalterschluss in der zweiten Bank angekommen waren, mussten wir zu unserem Leidwesen erfahren, dass der Zahnarzt in der Zwischenzeit das Fach geräumt hatte. Auf der sogenannten Begehungskarte konnten wir ablesen, dass unser Zahnarzt, unmittelbar nachdem er die Praxisräume verlassen hatte, zu seinem Schließfach gegangen war – mit einem größeren Koffer, wie uns ein Bankmitarbeiter, der als Zeuge vernommen wurde, schilderte.

So etwas mag ein Steuerfahnder gar nicht. Am wichtigsten ist immer der erste Zugriff und den hatte uns der Zahnarzt ordentlich vermiest. Es war bereits 17 Uhr und wir beratschlagten, was wir nun machen sollten. Ein Teil der Kollegen, die das Wohnhaus durchsucht hatten, war bereits im Feierabend und wir selbst waren nicht sicher, ob unser Durchsuchungsbeschluss überhaupt noch Gültigkeit hatte, denn es waren bestimmte Uhrzeiten festgelegt, zu denen wir durchsuchen durften. Fest stand, dass man beispielsweise nicht morgens um 5 Uhr bei einem Steuersünder vor der Tür stehen durfte – so schön der Überraschungseffekt auch wäre. Aber wie stand es in unserem Fall? Es war Sommerzeit, noch hell und somit bis 20 Uhr juristisch möglich, bei dem Zahnarzt ein weiteres Mal zu klingeln.

Im Grunde wäre es von dem Mediziner geradezu smart gewesen, das Gold aus dem Schließfach nach unserer Durchsuchung ins Wohnhaus zu bringen, denn unter normalen Umständen wäre dies der sicherste Ort gewesen, die Beute vor uns zu verbergen. In mir regte sich der Jagdinstinkt. Da war sie wieder, meine kriminelle Fantasie. Meinetwegen sollte das Spiel nun endlich eröffnet werden. Da sich die Ehefrau des Arztes nach den Erzählungen meiner Kollegen bereits am Vormittag höchst anstrengend verhalten hatte, beschlossen wir, dass sich während der Durchsuchung je ein Kollege bei dem Mann und ein zweiter stets bei der Frau aufhalten sollte. Zwei Kollegen betraten das Villengrundstück durch die Hintertür im Garten. Man konnte schließlich nie wissen.

Der Zahnarzt schien nicht weiter überrascht, als wir erneut um Einlass baten. Freundlich und zuvorkommend wie schon am Vormittag bat er uns herein und ließ uns gewähren. Seine Frau sei oben im Schlafzimmer, sagte er und wies uns den Weg. Die Tür allerdings war verschlossen, und aus dem Inneren des Raumes konnte man gut vernehmlich das Geräusch eines Aktenvernichters hören. Ein weiterer Tiefschlag. Ganz offensichtlich hatten meine Kollegen bei der Durchsuchung am Vormittag wichtige Unterlagen übersehen.

Nachdem wir die Dame mehrfach und mit Nachdruck baten, die Tür zu öffnen, drehte sich endlich der Schlüssel. Kaum waren wir jedoch im Schlafzimmer, brach die Frau zusammen und stöhnte, sie würde einen Herzanfall bekommen. So etwas hatten wir schon häufig erlebt. Aber da man nie wissen konnte, wies ich sofort einen Kollegen an, den Notarzt zu rufen. Wie in so vielen Fällen führte die Ankündigung, einen Arzt herbeizurufen, auch bei dieser Frau zu einer Blitzgenesung, denn gerade in Villenvierteln wie diesen war man stets darauf bedacht, wenig Aufsehen zu erregen. Da wir es bereits am Vormittag vermieden hatten, auffällig Aktenkisten aus dem Haus zu tragen, besann sich die Dame wohl noch einmal und sah offenkundig ein, dass ein Notarztwagen mit Blaulicht und Sirene ihr die Publicity verschaffen würde, die sie in diesem besonderen Fall nicht haben wollte.

Im Schlafzimmer stand ein großer, blauer Müllsack – gefüllt mit geschredderten Dokumenten. Für diese waren wir also tatsächlich zu spät gekommen. Nach dem zweiten Bankschließfach befragt, machte der noch immer sehr freundliche Zahnarzt natürlich keine Angaben. Stattdessen führte er uns in den Keller, wo er nicht nur seine gut gefüllte Bar vorzeigte, sondern auch einen überaus edlen Billardtisch. Ich stellte einen meiner Kollegen auf eine Partie Billard ab, damit ich bei der weiteren Durchsuchung den Hausherrn aus dem Weg hatte. Nach der Durchsuchung solle man doch noch gepflegt einen kleinen Drink nehmen, schlug er vor, denn endlich sei mal etwas Leben in seinem Haus …

Ich hatte mit allem gerechnet, aber nicht damit. Wir befanden uns in einer feinen Gegend, in einer wunderschönen Villa, und der Herr des Hauses, der sich offenbar alles leisten konnte, war froh und dankbar, dass etwas Leben in sein Haus gekommen war – in Gestalt der Steuerfahndung Frankfurt. Ich musste an die strenge, verbissen wirkende Ehefrau dieses Arztes denken. Und an die nüchterne, geradezu leblose Atmosphäre in dieser Villa. Ich war selten bei der Ausübung meines Berufes trauriger als in diesem Moment. Der Mann erweckte mein Mitleid auf eine geradezu groteske Art und Weise.

Doch dann fiel mir auf, dass die beiden Kollegen, die durch das Gartentor kommen sollten, noch nicht eingetroffen waren. Wir hatten die zwei Fahnder schlicht vergessen. Als ich dann oben aus dem Fenster in den parkähnlichen Garten blickte, sah ich die beiden wie angewurzelt vor einem Dobermann stehen. Seit einer Stunde schon. Der Zahnarzt meinte, dass sein Hund völlig harmlos sei und sich offenkundig über dieses Übermaß an Aufmerksamkeit freue. Der Hund und meine beiden Mitarbeiter wurden freundlich hereingebeten. Von dem Gold indes fand sich noch immer keine Spur.

Gegen 23 Uhr verließen wir dieses traurige Haus schließlich ohne den geringsten Anhaltspunkt, wo das Gold des Zahnarztes versteckt war. Uns blieb also nur noch eine Hoffnung: der Umschlag vom Zollamt, der im Beisein des Arztes und seines Rechtsanwalts demnächst geöffnet werden sollte.

Als wir uns wenige Tage später in unserer Dienststelle zu dem offiziellen Brieföffnungstermin trafen, versagte mir zum ersten Mal in meiner Karriere die Stimme. In dem versiegelten Umschlag lag ein leeres Blatt Papier – mehr nicht. Alles, was wir also gegen den Mann in der Hand hatten, war eine kleine Notiz vom deutschen Zoll, in der lediglich der Name der Bank und der dortige Kontostand vermerkt war. Warum der versiegelte Umschlag ohne Inhalt bei uns ankam, ist mir bis heute ein Rätsel. Ob versehentlich ein falsches Blatt Papier in das Kuvert gesteckt wurde oder unser Zahnarzt an dem Kopiergerät etwas gemauschelt hatte – wir wissen es nicht. Da das viel geliebte Katz- und Mausspiel nun zu unseren Ungunsten auszugehen schien, blieb uns nur noch das allerletzte Mittel: der Bluff.

Ich erklärte dem Zahnarzt, dass wir sämtliche Bankdaten bereits hätten, außerdem Zugriff auf das Konto erhalten würden und er nun auf schnellstem Wege sämtliche Unterlagen herbeischaffen müsse – andernfalls würden wir ihn einfach schätzen und das täte in aller Regel weh. Nur wenige Tage später stand der Anwalt des Zahnarztes mit einem Ordner in unserem Büro und hisste die weiße Fahne. Eine innere Stimme sagte mir jedoch, dass diese Sache bis dahin trotz aller Widrigkeiten am Ende doch zu glattgelaufen war, und ich bluffte ein weiteres Mal: Ich verlangte die Unterlagen über das zweite Schweizer Konto – ein weiteres Konto, von dem ich nicht im Geringsten wusste, ob es überhaupt existierte.

Und auch dieser Ordner wurde uns einige Tage später übergeben. Der Anwalt unseres Zahnarztes war ein zweites Mal persönlich in die Schweiz gefahren, um das für seinen Klienten belastende Material zu holen – zu einem Honorar, so vermute ich, für das ich ein gutes Jahr hätte arbeiten müssen. Am Ende durfte dieser Zahnarzt zwei Millionen Mark Steuern nachbezahlen. Das Gold indes konnten wir nie finden …

Nur Dentalschrott

Warum wir im Laufe der Jahre ausgerechnet immer wieder in der Dentalbranche ermitteln mussten, erschloss sich uns Fahndern nicht. Gerade die Zahnmedizin galt über Jahrzehnte hinweg als ein Bereich, in dem sehr viel Geld verdient werden konnte, und Zahnärzte gehörten seit je her nicht zu den Medizinern, die sich durch einen besonders bescheidenen Lebenswandel auszeichneten. Und doch mussten wir in unserer Region erstaunlich häufig Ermittlungen im Dentalbereich führen.

Die Zahngold-Tricks waren branchenintern durch die erhöhte Anzahl an Ermittlungen vonseiten der bundesdeutschen Steuerfahndungsstellen irgendwann aus der Mode gekommen. Es dauerte jedoch nicht lange, bis wir in den 90er-Jahren vor einem neuen Berg von Dental-Mauscheleien standen: dem Millionenbetrug durch Prothetik-Tricks.

Losgelöst wurde die Lawine durch eine Anzeige eines lokalen Finanzbeamten. Er war auf einen Bürger gestoßen, der steuerlich nicht geführt war, gleichwohl ein adäquates, begütertes Leben führen konnte. In der Tat schafften es einige Menschen bis zur Einführung der Steueridentifikationsnummer immer wieder, bei den Finanzämtern durchs Netz zu schlüpfen. Durch geschickte Wohnsitzverlegungen war es auch unserem Beschuldigten gelungen, den »Fängen« der Finanzbehörden zu entfliehen.

Ob der entscheidende Hinweis von einem missgünstigen Nachbarn kam oder auf anderen Wegen Eingang in das zuständige Finanzamt gefunden hatte, ließ sich für uns nicht feststellen. Fakt war: Wir hatten gegen ein hessisches Ehepaar den Anfangsverdacht einer Steuerhinterziehung, holten uns den Durchsuchungsbeschluss und standen eines Morgens in der Hofeinfahrt eines villenähnlichen Hauses. Die Tür öffnete uns eine ganz in schwarz gekleidete Frau und teilte uns mit ruhiger Stimme mit, dass ihr Mann unlängst verstorben sei. Das sind die Momente, in denen man als Steuerfahnder innehält und seine Aufgaben für einen kurzen Moment kritisch hinterfragt. Was soll man in einem solchen Moment tun? Der Frau das Beileid aussprechen und ein paar Monate später wieder vorbeikommen? Mit dem Risiko, dass auch in der Trauerphase Unterlagen vernichtet und Spuren verwischt werden könnten?

Es war unzweifelhaft eine unschöne Situation für alle Beteiligten, aber wir hatten diesen Durchsuchungsbeschluss – und unsere Ermittlungen richteten sich eben nicht nur gegen den verstorbenen Gatten, sondern gegen das Ehepaar. Nach ein paar Worten des Bedauerns versuchten wir, der trauernden Witwe zu erklären, dass wir leider dazu gezwungen waren, in ihrem Haus eine Durchsuchung durchzuführen. Die Frau ließ uns eintreten – vermutlich ahnend, was ihr in den folgenden Stunden bevorstand.

Schon nach kurzer Zeit fielen uns wattierte Briefumschläge in die Hände, deren Inhalt uns nach eingehender Prüfung doch etwas stutzig machte. Auf den ersten Blick sahen die Gegenstände nach ordentlichen zahntechnischen Materialien aus – bei genauerer Betrachtung fiel jedoch auf, dass es sich um eine willkürliche Anhäufung von mutmaßlich wertlosen Teilen handelte: Fragmente von Brücken, Kronen, Zahnspangen und ähnlichen Gegenständen, die ich später in meinem Bericht als »Dentalschrott« bezeichnete. Etwa zur gleichen Zeit stießen wir im Arbeitszimmer des verstorbenen Mannes auf mehrere Aktenordner, die gefüllt waren mit Rechnungen eines griechischen Dentallabors – ausgestellt an Zahnärzte und Labore aus dem gesamten Bundesgebiet. Die Beträge auf diesen Rechnungen beliefen sich zum Teil bis in den mittleren fünfstelligen Bereich. Wir spürten förmlich, dass sich hier eine größere Sache zusammenbraute.

Im Arbeitszimmer fanden wir in einer Schublade auch die Auszüge von mehreren Konten des Ehepaars. Es war augenfällig, dass auf dem sogenannten Geschäftskonto, also der Bankverbindung, die auch auf den Rechnungen des griechischen Labors angegeben war, exakt die Beträge, die von den unzähligen Zahnärzten und deutschen Laborbetreibern mit Rechnungsnummern eingezahlt worden waren, in gleicher Höhe wieder bar abgehoben wurden. Die Frau stand schweigend im Raum, verweigerte jede Aussage und rief nach einiger Zeit ihren Anwalt an, der wenig später in der Villa erschien.

Die Unterlagen zu den sogenannten Privatkonten, die wir ebenfalls fanden, enthielten fast nur Geldeingänge. Die aber summierten sich zu beachtlichen Beträgen. Während auf dem einen Konto etwa 1,3 Millionen Mark lagen, belief sich ein zweites auf knapp 500 000 Mark. Eine erste Sichtung der Bankunterlagen vor Ort ergab, dass die Beträge, die einbezahlt worden waren, in einer merkwürdigen Relation zu den Barabhebungen auf dem anderen Konto standen: Grob überschlagen ließ sich berechnen, dass in der Regel rund zehn Prozent der auf dem Geschäftskonto abgehobenen Summen wieder auf die Privatkonten einbezahlt worden waren. Die Sache wurde allmählich rund.

Bei den Rechnungen stießen wir auf Dutzende von Zahnärzten und Dentallabore aus der ganzen Bundesrepublik, und wir fragten uns, ob wir ein weiteres Mal vor einer ganzen Welle von Untersuchungen in der Zahnmedizin-Branche standen, denn das Strickmuster dieser Hinterziehung wurde uns schon im Laufe der Durchsuchung klar. Auch der Rechtsbeistand der Beschuldigten, der uns mit besorgter Miene bei der Arbeit beobachtete, murmelte irgendwann: »Das ist ein Griff ins Gold.«

Da die Frau weiterhin beharrlich jede Aussage verweigerte und in Anbetracht der Tatsache, dass es sich bei dieser Sache um sehr hohe Hinterziehungssummen handelte, mussten wir die Frau wegen drohender Fluchtgefahr – sie hatte neben ihrem deutschen auch einen griechischen Pass – vorläufig festnehmen. Ich hatte sie im Laufe des Tages noch mehrfach gebeten, eine Aussage zu machen, da die Beweismittel, die wir sicherstellen konnten, derart erdrückend waren, aber sie ließ sich nicht erweichen. Wir mussten die Frau in Schwarz, eine trauernde Witwe, leider von der Polizei abführen und in ein Untersuchungsgefängnis einliefern lassen.

Die Ergebnisse der Ermittlungen der folgenden Wochen hatten schon bald ein klares Bild gezeichnet: Das Zahnlabor in Griechenland existierte nicht. Die Masche der Steuerbetrüger in Weiß lief nach folgendem Schema ab: Das fiktive Dentallabor in Athen stellte einem deutschen Zahnarzt eine Rechnung für verschiedene zahntechnische Arbeiten in Höhe von 100 000 Mark. Der Rechnungsbetrag wurde von dem betreffenden Zahnarzt auf das Geschäftskonto des Labors, das die Beschuldigte und ihr verstorbener Ehemann in Deutschland führten, überwiesen und war damit in den Büchern des Zahnmediziners als Betriebsausgabe verzeichnet. Der Umsatz des Dentisten verringerte sich so um 100 000 Mark und dementsprechend auch die steuerliche Belastung.

Das Geld indes wurde von der Frau wieder bar von dem Konto abgehoben und an den Zahnarzt persönlich zurückgegeben – abzüglich einer »Bearbeitungsgebühr« von etwa zehn Prozent. Der Zahnarzt hatte 100 000 Mark am Fiskus vorbeigeschleust und am Ende 90 000 Mark Schwarzgeld zur freien Verfügung, während das Ehepaar, das die Rechnungen geschrieben hatte, eine Provision in Höhe von 10 000 DM für sich erarbeitet hatte – selbstverständlich auch am Finanzamt vorbei. Das Risiko, entdeckt zu werden, war durch die kleinen Päckchen, die zwischen Griechenland und Deutschland hin und her geschickt worden waren, vergleichsweise gering gehalten worden. Kaum einem Zollbeamten wäre bei der Öffnung einer solchen Lieferung aufgefallen, dass es sich nur um »Dentalschrott« handelte. Auf den ersten Blick sah der Inhalt der Pakete tatsächlich nach zahntechnischem Material aus. In der Ausführung war diese Form des Steuerbetruges gar nicht so schlecht.

Nach der Auswertung aller Unterlagen standen Dutzenden von Zahnärzten und Laborbetreibern in der ganzen Bundesrepublik Durchsuchungen bevor.

Weitere Untersuchungen ergaben noch andere, ähnliche Strickmuster im Zusammenhang mit Dentallaboren und Zahnärzten. So wurden in Billiglohnländern wie Portugal, Hongkong oder Singapur tatsächlich zahntechnische Prothetikarbeiten hergestellt – allerdings zu einem Bruchteil dessen, was diese Teile in Deutschland gekostet hätten. Bei den Krankenkassen abgerechnet wurde indes »made in Germany«. Auch hier haben findige Mediziner einen schönen Schnitt gemacht.

Doch um den Fall der griechischen Zahnarztgattin abzuschließen: Am Ende eines langwierigen Verfahrens kam es zu zahlreichen Schuldsprüchen – mit Geld-, Bewährungs- und Haftstrafen für einige der Beteiligten, und zu stattlichen Nachzahlungen zugunsten der Finanzämter. Wir mussten uns damals tatsächlich eingestehen, dass der Betrug auf einem wirklich hohen, anspruchsvollen Niveau durchgeführt wurde. Die ganze Sache flog nur durch eine kleine Unachtsamkeit der zentralen Figur auf: Ihr Lebensstil passte einfach nicht zu dem Status, steuerlich nicht geführt zu sein. Hätten diese Leute einen Teil ihrer Einnahmen klug und gewieft dem Finanzamt gemeldet, wäre die Sache vielleicht gar nicht aufgeflogen. Aber: Die Steuerfahndung profitiert stets von den Schwächen ihrer Gegner und in diesem Fall war die Schwäche der Versuch des Paares, einfach gar keine Steuern zu bezahlen. Und so etwas geht meistens schief.

Manchmal fragte ich mich – nach den unzähligen Ermittlungen, die wir in der Dentalbranche durchführten – ob Zahnärzte einfach besonders kluge oder nur besonders »schlecht verdienende« Menschen waren. Irgendetwas musste doch dahinterstecken …

UNVERMÖGEN –
AUS DER PROVINZ

Schwein gehabt

Steuerfahnder haben kein Gesicht. Zumindest in der Öffentlichkeit nicht. Der Bürger weiß, dass es sie gibt, aber nur die wenigsten haben je einen zu sehen bekommen – die anständigen Steuerzahler schon gar nicht. Unzählige Mythen ranken sich um unsere Berufsgruppe. Dunkle Gestalten, humor- und gnadenlos, eiskalte Vollstrecker, die im Morgengrauen mit hochgezogenem Kragen vor der Tür stehen und in die Schusslinie geratene Bürger ohne Pardon auseinandernehmen. Dazu passt das Bild einer gut gelaunten Truppe von Finanzbeamten, die in Jeans und Sweatshirt mittags an Buden haltmachten und sich bei einem Paar Frankfurter Würstchen doppeldeutige Witze erzählten, nur wenig.

Zu diesem diffusen Bild passt auch nicht, dass es sich bei unserer Berufsgruppe nicht im Geringsten um knallharte Undercover-Agenten handelt. Und schon gar nicht um Superhelden, die am Ende jeden noch so schwierigen Fall knacken. Diese Typen gibt es weder bei der Polizei noch bei der Steuerfahndung. Wer diese Art von genialem Mastermind sucht, muss seinen Fernseher anschalten – die Realität sieht anders aus.

Genau genommen sitzt ein Steuerfahnder in seinem Büro und wartet. Er wartet auf eine wütende Ehefrau, einen entlassenen

Angestellten, einen Hinweis eines aufmerksamen Zollbeamten oder eines misstrauischen Buchprüfers – und er wartet auf den Zufall, der ihm im Laufe seiner Karriere so häufig begegnet. Der Steuerfahnder hat – wie eine Spinne – ein unsichtbares Netz über die Republik gespannt. Sobald dieses Netz eine feine Berührung verspürt, kommt der Fahnder aus seiner Deckung und nimmt die potenzielle Beute unter die Lupe.

Es sind häufig die Kleinigkeiten, die Steuersünder am Ende scheitern lassen. Winzige Puzzlestücke, die ein ins Visier geratener Bürger niemals vorab hätte in Betracht ziehen und die ein Finanzbeamter am grünen Tisch mit größter Wahrscheinlichkeit nicht hätte entdecken können. Kleinste Hinweise, die in keinem Lehrbuch nachzulesen gewesen wären und von denen selbst ein erfahrener Steuerfahnder nicht gedacht hätte, dass er sie je aufspüren könnte.

Ich erinnere mich an die Überprüfung eines mittelständischen Unternehmers, dessen Lebensstil so ganz und gar nicht mit den offiziell angegebenen Gewinnen zu vereinbaren war. Uns lag eine anonyme Anzeige eines Insiders vor – wir vermuteten einen enttäuschten Geschäftspartner – und standen eines Tages mit einem Durchsuchungsbeschluss vor der Haustür unseres Beschuldigten. Die Suche nach belastenden Unterlagen geriet mit den Stunden zu einem Desaster. In dem Haus war rein nichts zu finden. Kein Bankbeleg, kein Sparbuch – nicht einmal ein leerer Briefumschlag eines Geldinstitutes, der uns den entscheidenden Hinweis hätte liefern können.

Wir waren alle fest davon überzeugt, dass der Mann irgendwo ein Bankschließfach hatte – wir wussten nur nicht, wo wir suchen sollten. Ohne irgendwelche Anhaltspunkte sämtliche Bankhäuser im Umkreis von 50 Kilometern zu befragen, war uns nicht gestattet und hätte auch vom Arbeitsaufwand nicht von uns geleistet werden können. So standen wir also nach unzähligen Stunden des Suchens mit leeren Händen da.

Unser Steuersünder schien perfekt gearbeitet zu haben. Die Verschleierung seiner tief dunklen Vermögenswerte ließ keine Schwachpunkte erkennen. Bis ich im Vorbeigehen einen kurzen, flüchtigen Blick in das Kinderzimmer warf. Dort stand unscheinbar und naturgemäß schweigend in einem Bücherregal ein Drumbo-Sparelefant der Dresdner Bank. Giftgrün und sympathisch lächelnd schaute mich der putzige Elefant an und verriet mir alles, wonach wir bis dahin vergeblich gesucht hatten.

Bei der Dresdner Bank fanden wir das Schließfach des Unternehmers. Und darin sämtliche Unterlagen zu den ausländischen Schwarzgeldkonten. Der kleine grüne Drumbo hat der Bundesrepublik Deutschland in der Schlussabrechnung eine Steuernachzahlung im hohen sechsstelligen Bereich beschert. Man hatte in dem Haus wirklich an alles gedacht, nur eben nicht an Drumbo, den kleinen Sparelefanten.

Auch eine andere Erfahrung war uns oft sehr von Nutzen: Bei Hausdurchsuchungen, die ins Stocken geraten waren, half es häufig, nach den Reisepässen zu fragen. Da wir in vielen Wohnungen zwar unzählige Urlaubsfotos von den exotischsten und teuersten Urlaubsparadiesen der Welt bestaunen konnten – man wollte schließlich vorzeigen, wo man schon war – selten aber die gut versteckten Schließfächer, genügte es manchmal, den Reisepass sehen zu wollen. Die Erfahrung lehrte uns, dass der vorsichtige Bürger seine wichtigsten Dokumente im Tresor aufbewahrte. Fahrzeugscheine, Rentenunterlagen, Reisepässe – Schmuck, Gold, Tafelpapiere und Sparbücher. Nach ihren Reisepässen gefragt, standen die Leute in der Regel wie ferngesteuert auf und gingen zielgerichtet in eine bestimmte Richtung. Manche machten plötzlich erschrocken kehrt, drehten sich ruckartig um und behaupteten, dass sie nicht wüssten, wo sie ihre Pässe hätten. In den meisten Fällen wussten wir da aber schon, in welchem Hausteil wir nach dem Tresor suchen mussten, was in manchen größeren Gebäuden schon ein beträchtlicher Vorteil war. Andere marschierten geradewegs zu ihren gut verborgenen Panzerschränken und bemerkten viel zu spät, dass sie einen fatalen Fehler begangen hatten.

Am eindrucksvollsten war jedoch, was wir bei einer einfachen Rentnerin erleben durften, die es alleine ihrem raffgierigen Neffen zu verdanken hatte, dass wir überhaupt bei ihr in der Küche saßen.

Die lieben Verwandten

Ein Betriebsprüfer machte uns auf eine Werbeagentur im Spessart aufmerksam. Bei der Sichtung der Bücher konnte der aufmerksame Kollege einige Geldeingänge nicht nachvollziehen und bat uns, die Sache einmal von unserer Seite aus zu beleuchten. Und so sahen auch wir uns die Buchhaltungsunterlagen dieses Familienunternehmens an. Es wurde in der Tat schnell deutlich, dass es in der Vergangenheit zu ein paar fragwürdigen Geldeingängen gekommen war und zwar immer dann, wenn es in der Agentur galt, Investitionen zu tätigen. Mal handelte es sich um eine komplette neue Computeranlage, mal wurden teure Farbkopierer angeschafft oder aufwendige Umbauarbeiten an dem Bürogebäude vorgenommen.

Aus der Sicht eines Steuerfahnders ist es immer verdächtig, wenn unverhofft Gelder auftauchen, weil es an irgendeiner Stelle eng geworden ist. Ein Handwerker beispielsweise, der nach Abzug aller Kosten einen Jahresgewinn von 20 000 Mark errechnet hatte, aber ohne Probleme 150 000 flüssig machen konnte, um neue Maschinen zu kaufen, löst bei einer aufmerksamen Buchprüfung schnell Alarm aus. Auf Nachfrage hörten wir dann oft Geschichten über Spielbank- oder Lottogewinne – oder, wie in dem Fall der Werbeagentur: das bewährte Verwandtendarlehen. Der Mann hatte einen Gewinn von 10 000 Mark pro Jahr angegeben, für die Investitionen in Höhe von 100 000 Mark war jedoch kein Darlehensvertrag zu finden. Das Geschäft war im Laufe der Jahre gewachsen – die Buchhaltung indes war leider stehen geblieben. Es stellte sich also die große Frage: Wo kam das Geld her? Und so gab der Mann an, den Betrag von seiner Tante bekommen zu haben.

Bei solchen Geschichten verspürte ich sofort Bauchschmerzen, weil ich wusste, dass sie nicht gut ausgehen konnten. Ich gab dem Werbekaufmann die Möglichkeit, seine Version noch einmal zu überdenken, andernfalls müsse er damit rechnen, dass nun auch seine Tante Schwierigkeiten bekommt. Aber er blieb dabei – das Geld stamme von seiner Tante. Die bekam nur zehn Minuten später Besuch von der Steuerfahndung Frankfurt. Die freundliche Frau in der Kittelschürze tat mir schon leid, als sie uns die Tür aufmachte. Was hier bevorstand, war nicht fair. Ein ungleicher Kampf. Wir waren es gewohnt, mit hoch intelligenten Anwälten und arroganten Konzernbossen zu streiten – diese arme Frau, die uns in ihrer heimeligen Küche auch noch Kaffee kochte, hatte indes dem berühmten Wolf im Schafspelz Einlass gewährt.

Natürlich hatte der Neffe ihr eingebläut, auf Nachfragen zu behaupten, sie hätte ihm das Geld geliehen und das tat die brave

Frau auch. Aber auf alle weiteren Nachfragen war die gutmütige Tante nicht vorbereitet:

»In welcher Stückelung haben Sie Ihrem Neffen die 100 000 denn übergeben?«

Das wusste die Dame nicht mehr.

»Wie haben Sie das Geld übergeben?«

»In einem Umschlag.«

»Wie groß war der Umschlag?«

Daran konnte sich die einfache Frau nicht mehr erinnern – als ob sie so etwas häufig machen würde.

»Von welchem Konto ging das Geld denn ab?«

Sie erklärte, sie hätte kein Zutrauen in Banken und hätte das Geld im Haus versteckt.

»Wie kommen Sie zu so einem hohen Betrag?«

»Gespart.«

»Und was, wenn Sie nun unverhofft Geld brauchen? Was tun Sie dann?«

Die Dame stand auf, öffnete einen Schrank im Wohnzimmer und hielt uns ein Sparbuch entgegen. Ich öffnete das Büchlein und entdeckte zu meinem Erstaunen ein Guthaben in Höhe von 350 000 Mark.

»Sie sind ja eine wohlhabende Frau«, entgegnete ich der Dame, die in Sekundenschnelle errötete. Sie riss mir das Sparbuch aus der Hand und erklärte, dass sie mir – weil sie ihre Brille nicht aufgehabt hätte – versehentlich das falsche gegeben habe und suchte aufgeregt nach dem »richtigen«.

Der Fall war gelaufen. Auch für die liebenswerte Tante, die nie in unseren Fokus geraten wäre, wenn ihr Neffe sie nicht in seine Hinterziehungen mit hineingezogen hätte. Ich erklärte der verdutzten Frau, dass sie nun für ein paar Jahre Einkommensteuer auf die Zinserträge nachzahlen müsse und wartete auf eine Reaktion ihres Neffen. Der erzählte endlich ohne zu zögern von seinen Schwarzgeldkonten und entschuldigte sich noch in unserem Beisein bei seiner Tante, die mit leeren Augen wortlos am Tisch saß. Am Ende hatten beide verloren.

Steuerhinterziehungen waren im Rückblick gesehen nur vordergründig zu Ende gedacht. Die private Checkliste, was in Fällen von Steuerverkürzungen alles zu beachten ist, griff in der Regel nicht weit genug. Rechnungen und Belege wurden gerade so manipuliert, dass die Konstrukte bei oberflächlicher Betrachtung tatsächlich stimmig waren, aber von dem perfekten Verbrechen waren, bis auf wenige Ausnahmen, die meisten Bürger weit entfernt. Was in einem Finanzamt vielleicht gerade noch durchging, flog in den häufigsten Fällen spätestens bei der Steuerfahndung auf.

Kaum ein Mensch ist in der Lage, die Steuerhinterziehung wirklich vollständig durchzuplanen. Für die perfekte Steuerhinterziehung bedarf es einer Vielzahl von kleinsten Puzzlestücken, die alle ineinander passen müssen. Fehlt auch nur ein winziges Teil, ist der Fall dann meist gelaufen. Nur die wenigsten unserer Gegner waren auf das Arsenal an Maßnahmen eingestellt, das eine Steuerfahndungsstelle auffahren konnte: die vollständige Durchsuchung von Geschäfts- und Privaträumen, Sichtung und Abgleich von Schein und Wirklichkeit im Lebensumfeld eines Steuerhinterziehers, die geschickte Befragung von Beteiligten und auch Unbeteiligten, das Interpretieren von Körpersprache, Erinnerungsfotos und Weinkellern – all dies ist im Grunde kaum zu bewältigen.

Bei den Fällen, die uns begegnet sind, hätte bei einer größeren Steuerhinterziehung jeder Beschuldigte peinlichst darauf achten müssen, dass die Schere zwischen dem, was nach seinen beim Finanzamt eingereichten Unterlagen hätte möglich sein können, und dem, was die Steuerfahndung dann vor Ort sah, nicht allzu weit auseinander triftete. Aber genau in diesem Punkt lag die Krux. Wer Steuern hinterzog, tat dies vor allem, um sich seinen Lebensstandard zu erhöhen. Und der war bei Durchsuchungen einfach abzulesen. Wer offiziell nur über 2000 Euro netto pro Monat verfügte, war ohne plausible Nachweise über seine Geldquellen nicht in der Lage, glaubhaft zu erklären, wie er in einer Penthouse-Wohnung für 1800 Euro Kaltmiete wohnen konnte.

Wer mit Tanten, Freunden oder Geschäftspartnern schlaue Konstrukte aufbaute, musste damit rechnen, dass auch sie von uns überprüft und befragt wurden. Und auch bei diesen Menschen mussten alle Angaben wiederum plausibel sein. Sie alle mussten damit rechnen, dass wir Schein und Sein zusammenfügten. Die Großmutter, die mit 800 Euro Rente dem Enkel angeblich gewaltige Summen in sechsstelliger Höhe leihen konnte, bekam von uns Besuch. Und sie musste uns erklären, wo das Geld herkam. Und wenn sie angab, sie hätte das Vermögen von ihrer Schwester bekommen, gingen wir auch zu dieser Schwester. Und zu dem Neffen, dem Freund oder dem Geschäftspartner. Alle Geschichten, die uns präsentiert wurden, überprüften wir im Verdachtsfall bis in den letzten Winkel. Und da stellt sich tatsächlich die Frage, wer von sich behaupten wollte, dass er all diese Eventualitäten vorab hätte in Betracht ziehen können.

Ausgebaggert

Dass viele Bürger mit ihrer freien Interpretation von dem, was sie an Steuern abführen – oder auch nicht –, andere, unbeteiligte Menschen mit in ihren Strudel reißen, ist den meisten nicht bewusst. Hierfür sei als Beispiel ein Bauunternehmer genannt, der sich Subventionen erschlichen hatte.

Der Fall war im Grunde einfach: Die Bundesrepublik hatte über einen Zeitraum von wenigen Monaten Unternehmern für den Kauf von Baumaschinen Subventionen angeboten. Nun hatte wohl nicht jeder Bauunternehmer rechtzeitig von diesem Angebot erfahren oder war mit der Entscheidung, neue Maschinen anzuschaffen, vielleicht etwas zu zögerlich gewesen – ein findiger Baumaschinen-Hersteller fand hierfür jedoch schnell eine für beide Seiten zufriedenstellende Lösung: rückdatierte Rechnungen. Wer also nach Ablauf der Frist für das Zuschussangebot des Staates doch noch in den Genuss der Subventionen kommen wollte, ließ sich ein falsches Rechnungsdatum ausstellen.

Die Geschichte flog natürlich schnell auf. Der Baumaschinen-Hersteller hatte über die Jahre hinweg tadellos geführte Bücher, in denen die Bestellungen fortlaufend durchnummeriert waren. Einzig im Subventionszeitraum tauchten plötzlich Auftragsnummern mit den Zusätzen A, B oder C auf. Und genau diesen Kunden statteten wir in der Folgezeit Besuche ab. Die meisten Bauunternehmer räumten den Subventionsbetrug sofort ein – ein paar wenige indes blieben bei ihren abenteuerlichen Versionen.

Einer von diesen war besonders standhaft. Er behauptete, das Datum auf dem Kaufvertrag stimme, und sein Buchhalter könne dies auch bezeugen. Der sei bei dem Besuch des Vertreters mit anwesend gewesen und habe dem Vertragsabschluss – der selbstverständlich innerhalb des Subventionszeitraums gelegen habe, persönlich beigewohnt. Und so befragten wir also den Buchhalter. Es war klar, der Mann, Ende 50 und wohl seit 30 Jahren in dem Unternehmen, würde die Aussage seines Chefs stützen. Als das Protokoll fertig geschrieben war, baten wir den Bauunternehmer in den Raum. In seinem Beisein klärte ich den Buchhalter darüber auf, dass er diese Aussage vermutlich vor einem Richter wiederholen und im schlimmsten Fall bei einer Falschaussage mit einer Gefängnisstrafe rechnen müsse.

Erst in diesem Moment schien dem Bauunternehmer klar zu werden, dass er es riskierte, seinen treuen Buchhalter für lausige 15 000 Mark erschlichener Subventionen ins Gefängnis zu bringen – und er knickte ein. In diesem Fall schien tatsächlich alles bedacht worden zu sein. Kalendereinträge waren manipuliert, Absprachen mit dem Buchhalter waren getroffen – alles schien soweit vorbereitet, dass es einer kleinen Überprüfung standgehalten hätte. Einzig die verheerenden Konsequenzen, die dieses Spielchen hätte haben können, waren nicht zu Ende gedacht. Gericht, Falschaussage, Haftstrafe – diese Vokabeln kamen in dem großartigen Plan nicht vor.

Bauernschläue

Einem raffinierten Landwirt im Taunus wurde ein kleiner Nebensatz zum Verhängnis. Es war einer dieser klassischen Fälle, der Finanzbeamte im ganzen Land immer wieder zur Verzweiflung bringt. Das Strickmuster ist immer dasselbe: Ein Bau- oder Supermarkt plant eine neue Filiale am Rand einer Ortschaft und benötigt Land für Parkplätze und Gebäude. Der glückliche Landwirt, auf dessen Grund das jeweilige Unternehmen expandieren will, kommt indes in eine steuermoralische Zwickmühle: Handelt es sich bei dem Grundstück um eine landwirtschaftliche Nutzfläche, müsste er den Erlös dieses Verkaufes seinem Betriebsgewinn zuschreiben und ihn somit auch versteuern. Wenn es sich um nicht genutztes Land handelt, würde der Landwirt einfach nur ein Stück seines Besitzes abgeben – so, wie wenn er einen gebrauchten, privat genutzten Fernseher verkaufen würde – und der Erlös wäre steuerfrei. Man kann sich in etwa vorstellen, wie Abwägungen dieser Art in der Regel enden: Bei solchen Grundstücksverkäufen oder auch Verpachtungen wird fast immer behauptet, dass das Land nicht zum bäuerlich genutzten Betrieb gehört.

Wir sahen uns in solchen Fällen einfach den notariellen Kaufvertrag an, und da die Gier nicht selten den Verstand auffrisst, fanden wir fast immer, wonach wir suchten. Es war dieser eine kleine Satz, der alles aufklärte: »Der Verkäufer ist berechtigt, die Ernte noch einmal einzubringen, bevor das Grundstück an seinen neuen Besitzer übergeht.« Ein Plattschuss. Die unbedeutende Blumenwiese gehörte also doch zur landwirtschaftlichen Nutzfläche! Und weil man unter keinen Umständen auf die letzte Ernte dieses Ackers verzichten wollte, kam dieser unscheinbare Passus in den Kaufvertrag. Dieser kleine, vordergründige Profit brach einigen Bauern am Ende steuerlich das Genick. Von den 700 000 Mark, die in unserem Fall der Grundstücksverkauf einbrachte, durfte der Bauer nun circa die Hälfte an den Staat abführen. Mit den rund 350 000 Mark, die ihn dieser eine Satz gekostet hat, hätte der Landwirt für den Rest seines Daseins vergoldeten Hafer kaufen können!

Brüder und Schwestern

Auch als ehemaliger Steuerfahnder und pensionierter Finanzbeamter muss man eingestehen, dass das deutsche Steuerrecht mit seinen rund 200 Gesetzen und annähernd 100 000 Verordnungen merkwürdige Formen angenommen hat. Moderne Mythen besagen, etwa 70 Prozent der weltweiten Steuerliteratur würde in deutscher Sprache veröffentlicht werden. Das ist eine Übertreibung, die gar nicht notwendig ist, in Wirklichkeit sind es wohl »nur« 20 Prozent – aber auch diese Zahl sollte nachdenklich stimmen. Ein Grund hierfür dürfte in der Parteienlandschaft unseres Landes zu suchen sein, schließlich wurde und wird das Thema Steuern seit Jahrzehnten in zunehmendem Maße zum Politikum gemacht – was nicht zuletzt die reduzierten Mehrwertsteuersätze im Hotelbereich zeigen, die nach tüchtiger und erfolgreicher Lobbyarbeit schließlich von der FDP durchgesetzt wurden.

Um diesen Berg von Gesetzen und Verordnungen bearbeiten zu können, bräuchte es in Deutschland nach Schätzungen der Steuergewerkschaft 130 000 Beamte – 115 000 Stellen sind nur besetzt. In der Bundesrepublik arbeiten knapp 14 000 Betriebsprüfer und etwa 2600 Fahnder. Ihnen steht ein Heer von knapp 86 000 Steuerberatern gegenüber, die in einem ewig währenden Katz-und-Maus-Spiel versuchen, für ihre Klienten steuergünstige Wege aus dem Abgabendschungel zu finden.

Besonders deutlich lässt sich die deutsche Verordnungswut am Beispiel der Mehrwertsteuer darstellen. Eine Currywurst zum Mitnehmen erhält einen Aufschlag von 7 Prozent – wird sie vor Ort in der Imbissstube verzehrt, werden 19 Prozent Mehrwertsteuer veranschlagt. Tomatensaft wird mit 7 Prozent besteuert, Tomaten-Ketchup indes mit 19 Prozent. Bei einer Kartoffel fallen

7 Prozent an, während die Süßkartoffel mit 19 Prozent zu Buche schlägt. Verstehen muss man dies nicht immer, aber man kann sich in etwa vorstellen, vor welchen buchhalterischen Problemen etwa ein Kioskbetreiber steht, der in seiner Registrierkasse exakt festhalten soll, ob das Lyonerbrötchen im Laden, vor dem Laden oder erst im Auto angebissen wird. Macht er hierbei eine falsche Eingabe, betrügt er bei der Mehrwertsteuer.

Im Laufe der Jahrzehnte wurden in Deutschland unzählige Regelungen, Gesetze und Verordnungen geschaffen, die zum Teil nicht nur bizarr anmuten, sondern immer wieder auch besonders schlaue Bürger zu kleineren und größeren Mauscheleien ermutigen. Eine besonders kuriose Form des Steuerbetrugs begegnete uns in den 80er-Jahren:

Ab dem Jahr 1978 bis zur Wende wurden jährlich im Schnitt rund 26 Millionen Pakete von der Bundesrepublik in die ehemalige DDR geschickt. »Westpakete« hießen die Postsendungen, die den Freunden oder Verwandten im Osten der Republik ein wenig Weltläufigkeit bescheren sollten – besonders in Gestalt von Kaffee, Kakao, Hülsenfrüchten, Mehl oder Schokolade. Diese Päckchen bereiteten nicht nur den Empfängern Freude, sondern waren auch von der DDR-Führung im Grunde fest im Versorgungsplan des sozialistischen Staates eingeplant. Aufseiten der Bundesrepublik wurde zu jener Zeit mit steuerlichen Anreizen für diesen innerdeutschen Postverkehr geworben: Mit jedem in die DDR verschickten Versorgungspäckchen konnte man 20 Mark von der Steuer absetzen – als Unterstützung bedürftiger Angehöriger. Das Stichwort für ein paar findige Betrüger.

Eine besonders perfide Variante des Steuerbetrugs mit den Westpaketen leistete sich ein hoher Beamter aus dem Großraum Frankfurt. Dieser Staatsdiener hatte pro Jahr rund 1000 Päckchen zu den Brüdern und Schwestern in der DDR geschickt und die Quittungen an seine Kollegen verkauft – wie Steuerspargutscheine. Mit der Zeit setzten mehrere Mitarbeiter dieser Behörde unzählige Westpäckchen als außergewöhnliche Belastung in ihren Steuererklärungen ab.

Von Versorgungspaketen konnte hierbei längst nicht mehr die Rede sein. Mitunter waren die Umschläge oder Kartons mit Altpapier gefüllt, in manchen Fällen waren sie auch leer und dienten den Empfängern in erster Linie der Vervollständigung von Briefmarkensammlungen. Manchmal wurden Burda-Mode-Schnittmuster in vier Teile geschnitten und auf vier Umschläge verteilt, der Stempel »Päckchen« und die erforderliche Postquittung kamen dazu, und fertig war das Steuersparmodell. Hätte man die angenommenen Werte der Paketinhalte – also mindestens 20 Mark je Päckchen – zusammengerechnet, wären Summen zusammengekommen, die deutlich über dem Jahreseinkommen der edlen Spender lagen – was einem aufmerksamen Finanzbeamten eines Tages dann auch aufgefallen ist. Bei der Überprüfung der erfindungsreichen Beamten durch die Steuerfahndung stellte sich überdies heraus, dass in Einzelfällen auch Postbeamte bei diesen Betrügereien mitgearbeitet hatten, indem sie gegen kleine Beteiligungen mehr Westpäckchen-Belege herausgaben, als jemals Päckchen nach drüben verschickt worden waren.

Die Sache flog auf und wurde entsprechend bestraft. Dem hohen Beamten, der gleichsam als Drahtzieher dieses Steuerbetrugs gesehen werden musste, schadete dieser Skandal erstaunlicherweise nicht. Er gilt noch heute als angesehener und honoriger Bürger. Ein Staatsdiener, der nicht nur sich selbst, sondern auch den Steuererklärungen seiner Behördenkollegen gedient hat. Wenn man bedenkt, dass in Frankfurt Fahnder allein wegen ihrer professionellen Meinung mittels einer von der Behördenleitung angeordneten Amtsverfügung aus ihren Dienstverhältnissen entfernt wurden, muss die Karriere dieses »amtlichen« Steuerhinterziehers schon verwundern. Aber die Geschichte, wie eine Steuerfahndung zum Tatort werden konnte, wird an anderer Stelle noch erzählt.

Rechnungswesen – Im grösseren Stil

Nicht die Bohne

Im Auto roch es nach frisch gemahlenem Kaffee. Ein herrlich-aromatischer Duft, der einem deutschen Zollbeamten im Bodenseeraum in die Nase stieg, als er sich zu den vier Insassen eines teuren Oberklassewagens herunterbeugte. »Haben Sie Waren anzumelden?«, fragte er routinemäßig. Die zwei Männer und Frauen verneinten gut gelaunt – alles im Rahmen, nichts zu verzollen, bitte durchwinken. Allein dieser Duft, herrlich. Geröstete Bohnen, fein gemahlen – der Odem des Genusses.

»Dann haben Sie sicher nichts dagegen, wenn ich einen Blick in Ihr Auto werfe«, entgegnete der freundliche Grenzbeamte – in der festen Überzeugung, ein paar Tüten Kaffee zu finden, die in der Schweiz ein wenig billiger zu erstehen waren als in Deutschland und die es ab einer bestimmten Menge zu verzollen galt. Kein großer Fang. Keine Drogen, keine Waffen – nur ein bisschen Kaffeepulver, aber so war nun mal das Gesetz.

Bei der Überprüfung des Autos fand der Zollbeamte Kaffee – ein Kilo zu viel –, ein paar Stangen Zigaretten – auch zu viel – und die Barzahlungsquittung eines Schweizer Kreditinstituts in Höhe von 200 000 Mark. Das war irgendwie auch zu viel.

Der Beamte schrieb – wie in solchen Fällen üblich – eine Kontrollmitteilung an das zuständige Finanzamt, und die Mitarbeiter dort informierten umgehend die Steuerfahndung. Denn eines war mehr als ersichtlich: Hier war etwas faul.

Wir besorgten uns zunächst einmal die Steuerakten der beiden Männer aus dem Luxuswagen. Es handelte sich um zwei Geschäftspartner – Bauingenieure. Auf den ersten Blick schien alles zu passen – zumal die beiden Unternehmer in der Vergangenheit ihr Geld vornehmlich mit Behördenaufträgen gemacht hatten. Öffentliche Bauvorhaben wie Gemeindehäuser, Sporthallen, Konzerthäuser, Schulen und Kindergärten dominierten die Auftragsbücher des Ingenieursbüros. Die Buchhaltung sowie die Steuererklärungen der zurückliegenden Jahre stimmten eins zu eins mit den beigelegten Rechnungen überein. Blieb allein die Frage, wie die beiden Geschäftspartner bei den Umsätzen, die sie zuletzt versteuert hatten, derartige Summen in der Schweiz liegen haben konnten. Diese Rechnung ging schlichtweg nicht auf.

Die zwei Geschäftspartner hatten in der Tat gut verdient – und dementsprechend auch ordentlich Steuern bezahlt, aber einen mittleren Lebensstandard abgerechnet wäre es ihnen unter normalen Umständen nicht möglich gewesen, hohe sechsstellige Summen in der Alpenrepublik anzusparen. Außer, es gäbe Geldquellen, von denen der Fiskus nichts wusste. Und genau die wollten wir im Rahmen einer Durchsuchung finden.

Da wir bei den Durchsuchungen von Büros und Wohnhäusern der beiden Ingenieure bei der ersten Durchsicht vor Ort keine Auffälligkeiten finden konnten, nahmen wir die Unterlagen der beiden Geschäftspartner im großen Umfang in Umzugskisten verpackt mit in unser Büro. Aktionen dieser Art sind eher ungewöhnlich. Normalerweise versuchen Steuerfahnder, vor Ort die wesentlichen von den unwesentlichen Papieren zu trennen. Zum einen haben wir in unseren Diensträumen nicht genug Platz, um nach jeder Durchsuchung kistenweise beschlagnahmtes Material einzulagern, zum anderen will man durch die selektive Mitnahme von Unterlagen bereits während der Durchsuchung eine gewisse Vorarbeit zu den Ermittlungen leisten. Alles andere zieht die Bearbeitung der Fälle nur unnötig in die Länge.

Was wir im Fall der beiden Bauingenieure in den Kartons hatten, ahnten wir erst, als nur wenige Tage nach der Durchsuchung ein renommierter Strafverteidiger in unser Dienstzimmer kam und das Angebot machte, im Namen seiner Mandanten direkt eine Million Mark anzuzahlen. Wir hatten also offenbar einen Hauptgewinn – wir wussten nur noch nicht, wo wir ihn suchen sollten.

Der Fall klärte sich dann jedoch rasch auf und wir mussten gestehen, dass die Herren Ingenieure einen simplen, aber äußerst effektiven Ausweg aus der Steuerpflicht gefunden hatten, der unter anderen Umständen – also ohne den verräterischen Kaffeeduft an der Schweizer Grenze – kaum aufzudecken gewesen wäre.

Da die beiden Unternehmer ihre Aufträge zu gut 90 Prozent aus der öffentlichen Hand bezogen hatten, bestand aus Sicht der örtlichen Finanzbeamten grundsätzlich zu keiner Zeit der Verdacht, die Firma könnte mit Schwarzeinnahmen arbeiten. Dazu waren die Buchhaltungen der Kommunen nicht geeignet. Und doch hatten die zwei Männer einen Weg gefunden, über mehrere Jahre hinweg die Gelder aus öffentlicher Hand am Fiskus vorbeizuleiten: Die Abschlagszahlungen zu Baubeginn, die ein Unternehmen für seine Bauprojekte von den Kommunen erhielt, wurden bis zu diesem Fall, also bis Anfang der 90er-Jahre, häufig per Verrechnungsscheck beglichen. In unserem Fall landeten die Abschlagszahlungen jedoch nicht auf dem offiziellen Firmenkonto, sondern auf einer noch aus Studentenzeiten bestehenden Bankverbindung, die nirgendwo in den Büchern auftauchte. Und von dort wanderte das Geld schließlich unversteuert in die Schweiz.

Zum Ende eines Bauprojektes kam dann die Schlussrechnung. Die ging mit dem Endbetrag abzüglich der Abschlagszahlung an die Kommunen, während in der Firmenbuchhaltung eine frisierte Rechnungsdurchschrift – ohne die von den Kommunen bereits bezahlten Summen – abgelegt wurde. Dem Staat entstand auf diesem Weg innerhalb von fünf Jahren ein Steuerverlust in Höhe von knapp 1,5 Millionen Deutsche Mark, was nach der Meldung durch den Verteidiger der Beschuldigten zu einer Nachzahlung inklusive Zinsen und Zuschlägen in Höhe von 1,7 Millionen Mark führte.

Nachdem die beiden Unternehmer vor einem Landgericht zu Gefängnisstrafen zwischen zwei Jahren und drei Monaten sowie zwei Jahren und vier Monaten verurteilt worden waren, verfügten die betroffenen Kommunen, dass fortan keine Rechnungen mehr mit Schecks bezahlt werden durften.

Es dürfte der wohl teuerste Kaffee der Welt gewesen sein, den die beiden hessischen Unternehmer aus der Schweiz nach Deutschland einführen wollten. Das Pfund zu rund 400 000 Mark. Von den Zigaretten gar nicht zu sprechen. Die edelsten Cohiba-Zigarren kamen zu jener Zeit nicht annähernd in diese Preisregionen. Dafür schien die Redewendung »nicht die Bohne« nach diesem Fall eine völlig neue Bedeutung bekommen zu haben ...

Rechenkünste

Eine weitaus elegantere Form der Steuerhinterziehung praktizierte über viele Jahre hinweg die Gattin eines Arztes aus Nordhessen. Das Paar war überaus vermögend. Die Praxis des Gatten lief blendend und man besaß – von den Eltern vererbt –mehrere große Wohnhäuser in bester Lage. Während der Ehemann sich um seine Patienten kümmerte, erledigte die Frau die gesamte Buchführung – und bediente sich eines überaus einfachen und jahrelang nicht entdeckten Steuertricks: Die Dame verrechnete sich!

Die Einkünfte aus den zahlreichen Mietwohnungen rechnete diese versierte Hausfrau stets zu ihren Gunsten aus. Dabei hantierte sie mit einfachsten Zahlendrehern. Aus 194 000 wurde 149 000 oder aus 163 000 die etwas kleinere Summe 136 000. Die Zusammenstellungen übergab sie ihrem Steuerberater, der füllte die notwendigen Unterlagen aus, schickte das ganze Paket zum Finanzamt. Dort wurden allenfalls die vom Steuerberater respektive der Frau angegebenen Summen noch einmal nachgerechnet – diese Zahlen stimmten – und fertig war die Steuererklärung.

Aufgedeckt werden konnte der Schwindel letztlich nur durch einen Betriebsprüfer, der sämtliche Papiere einer Kontrolle unterzog, selbst die Mieteinnahmen addierte und herausfand, dass Jahr für Jahr immer wieder Rechenfehler zwischen 20 000 und 50 000 Mark in den Steuerunterlagen auftauchten. Auch diese Form des Betrugs rechnete sich über einen längeren Zeitraum zu einer veritablen Steuerhinterziehung im sechsstelligen Bereich zusammen, problematisch war in diesem Fall jedoch die strafrechtliche Verfolgung. Denn die ganze Sache entwickelte sich zu einem ernst zu nehmenden juristischen Problem. Konnte man hier tatsächlich Steuerhinterziehung nachweisen? Handelte die Dame vorsätzlich oder bedingt vorsätzlich? Oder war sie am Ende einfach nur zu »blöd«, um ein paar Zahlenkolonnen zu addieren?

So reagierte die Arztgattin auch, als sie mit den Vorwürfen konfrontiert wurde: »Oh, tatsächlich, Sie haben recht, das tut mir jetzt aber leid!«

In solchen Fällen bleibt es – sofern die Sache auffliegt – tatsächlich bei einer simplen Nachzahlung. Die Steuererklärungen werden korrigiert und dann ist die Geschichte erledigt. Und – aus meiner Erfahrung – muss ich leider sagen: Die Wahrscheinlichkeit, dass so etwas herauskommt, ist äußerst gering. Und wenn doch, sind die Konsequenzen einigermaßen überschaubar.

Deutsche Nummernkonten

Dem vielleicht perfektesten Steuerbetrug indes sind wir gar nicht selbst auf die Schliche gekommen – er wurde uns vielmehr durch eine Selbstanzeige gewissermaßen geschenkt.

Alles begann – wie so häufig – mit einem Zufall. Zwei unserer Bonner Fahndungskollegen waren im Zusammenhang mit Ermittlungen zur Parteispendenaffäre in einer kleinen Bank in einem bayerischen Städtchen nahe der hessischen Landesgrenze und wollten ein paar Auskünfte von dem dortigen Bankdirektor. Dieser suchte irgendwann nach einem Ordner in seinem Büro, um die Fragen der beiden Steuerfahnder richtig beantworten zu können. Einer der Fahnder ging mit dem Bankchef mit in dessen Büro und als sich dieser über den fraglichen Ordner beugte, um etwas darin nachzuschauen, konnte der Fahnder Einblick in die Unterlagen nehmen und entschied, in diesem Fall doch besser gleich den kompletten Ordner sicherzustellen. Der Bankdirektor wurde von einem Moment auf den anderen bleich im Gesicht, versuchte noch, sich gegen die Aufforderung, den Ordner herauszugeben, aufzulehnen – auch, weil er wohl ahnte, dass seine eigene Karriere mit der Herausgabe dieser Papiere längerfristig gefährdet war. Aber eine Beschlagnahme war in solchen Situationen durchaus üblich und wurde in diesem Fall auch durch den zuständigen Richter nachträglich genehmigt.

Zum Erstaunen der beiden Bonner Kollegen stellte sich heraus, dass das kleine bayerische Kreditinstitut verbotenerweise Nummernkonten führte. Die ganze Sache spielte sich noch vor der Einführung der Kapitalertragssteuer im Jahr 1993 ab, aber Nummernkonten kannte man bis dahin nur aus der Schweiz, in Deutschland war die Führung von Nummernkonten verboten. In dem besagten Ordner, den der Bankdirektor in seinem Bürosafe liegen hatte, fand sich der Schlüssel zu den unzähligen Nummernkonten dieser kleinen Bank. Ein kurzer Blick in die Listen ließ erkennen, dass eine Vielzahl vermögender Unternehmer – auch und vor allem aus dem Raum Frankfurt am Main – ihre illegalen Schwarzgeldkonten in Bayern liegen hatte.

Da die beiden Bonner Ermittler ursprünglich wegen einer anderen Sache in dieses Geldinstitut gefahren waren, dauerte es gut drei Wochen, bis auch die Steuerfahndungsstelle in Frankfurt von den ominösen Nummernkonten in Bayern erfahren hatte. Auf einigen DIN-A4-Blättern hatten wir eine ganze Reihe Frankfurter Unternehmer, Ärzte und anderweitig Vermögende aufgelistet, denen wir nach und nach auf die Spur kommen wollten. Denn eines war von vornherein klar: Wer sein Geld auf einem Nummernkonto parkte, hatte in der Regel etwas zu verbergen. Nummernkonten waren meistens auch Schwarzgeldkonten – und diesen Hinweisen wollten wir konsequent nachgehen.

Bevor unsere Ermittlungen überhaupt richtig beginnen konnten, gingen schon die ersten Selbstanzeigen bei uns ein. Und genau in Fällen wie diesen offenbaren sich die Schwachpunkte der Selbstanzeige. Wir hatten es im Laufe der Jahre häufig erlebt, dass nach einem Fund wie dem in der bayerischen Bank plötzlich die Selbstanzeigen in die Finanzämter flatterten. Die Mechanismen waren immer die gleichen: In der vorliegenden Sache hatte der Bankdirektor die Inhaber der Nummernkonten vermutlich sofort gewarnt, denn auch ihm musste klar sein, dass seine Kunden nach dieser Entdeckung mit kritischen Nachfragen, wenn nicht sogar steuerstrafrechtlichen Ermittlungen zu rechnen hatten. Dasselbe passierte auch immer dann, wenn man beispielsweise bei einer Durchsuchung auf Scheinrechnungen gestoßen war. Auch dann konnte man fast sicher davon ausgehen, dass in den Tagen und Wochen danach Selbstanzeigen eingehen.

Unter rechtlichen Aspekten fand ich dies immer ein wenig bedenklich. Eigentlich war der Sachverhalt in diesen Fällen schon bekannt, Tat und Täter bereits entdeckt und trotzdem bot die Selbstanzeige in diesem Moment dem Täter noch die Chance, straffrei aus der ganzen Sache herauszugehen. An den Grenzübergängen stand man vor demselben Problem. Wenn ein Zollbeamter bei einer Kontrolle die Belege über ein ausländisches Schwarzgeldkonto gefunden hatte, kamen die Selbstanzeigen fast automatisch. Nur wenn der Zoll – wie an der Grenze zu Luxemburg häufig der Fall – umgehend die Kollegen der Steuerfahndung Trier benachrichtigt, ein Fahnder direkt zu dem gerade kontrollierten Fahrzeug kommt und das Steuerstrafverfahren vor Ort eröffnet, ist die Selbstanzeige nicht mehr möglich.

Doch weiter mit unserem Fall vom bayerischen Bankdirektor: Wir erhielten vom zuständigen Finanzamt die Nachricht über die Selbstanzeige eines Frankfurter Unternehmers, der sein Geld mit Immobilien verdiente. Als wir die handgeschriebenen Zeilen lasen, glaubten wir, unseren Augen nicht zu trauen. Nach seiner Selbstanzeige leiteten wir – wie vom Gesetzgeber vorgeschrieben – ein Steuerstrafverfahren gegen den Frankfurter Immobilienmillionär ein, besorgten uns einen Durchsuchungsbeschluss und statteten dem reumütigen Herrn einen Besuch ab. Auch die Einleitung eines Strafverfahrens ist bei Selbstanzeigen zwingend notwendig, ebenso wie umfassende Ermittlungen. Aus Sicht der Steuerfahndung kann man nie restlos sicher sein, dass ein Selbstanzeiger auch tatsächlich alles offenlegt. Denn es wäre natürlich auch ein probates Mittel, dem Finanzamt mit einer lauwarmen Selbstanzeige ein bisschen Futter hinzuwerfen, während man die großen Brocken weiterhin verborgen und sich weitergehende Ermittlungen vom Halse hält. Selbstanzeiger sind zur absoluten Offenlegung – zur Materiallieferung – verpflichtet, nur so können sie die Hoffnung haben, dass das Strafverfahren am Ende der Ermittlungen tatsächlich eingestellt wird. Im vorliegenden Fall nahmen wir bei dem Immobilienunternehmer viele Unterlagen mit. Zum einen, weil wir sichergehen wollten, dass er tatsächlich alles gemeldet hatte, und: Wir wollten prüfen, ob wir selbst die Geschichte, die er zur Anzeige gebracht hatte, in seinen Unterlagen überhaupt entdeckt hätten. Die Antwort auf diese Frage erhielten wir recht schnell: Nein! Was unser Selbstanzeiger gemacht hatte, wäre vermutlich keinem Steuerfahnder aufgefallen.

Dem Phänomen der Scheinrechnung begegneten wir häufig. Ob das nun der große Fall mit dem griechischen Zahnlabor war oder die unzähligen kleinen Geschichten zwischen zwei Geschäftspartnern, die sich über Scheinrechnungen die Betriebskosten erhöhten, um damit die Gewinne zu schmälern, weniger Steuern zu bezahlen und sich das Geld am Ende bar wieder zurückzugeben. Das war bekannt und flog bei guten Betriebsprüfungen oder bei Kontrollen durch die Steuerfahndungsstellen in der Regel auch auf. Unser Immobilienunternehmer hatte sich jedoch eine ganz besondere Geschichte einfallen lassen.

Der Mann ließ sich ganz einfach vor einem französischen Zivilgericht zur Zahlung einer Provision an einen ehemaligen Geschäftspartner in sechsstelliger Höhe verurteilen. Es ging um einen Beratervertrag, den unser Immobilienmann offenkundig bestritt und nicht bezahlen wollte. Die Sache ging vor Gericht, mit Anwälten, juristischem Schriftverkehr und allem, was zu einem ordentlichen Verfahren dazugehörte. Der Mann aus Frankfurt wurde am Ende zur Zahlung dieser Provision verurteilt. Die ganze Sache war allerdings nichts weiter als ein großes Fake und letztlich nur eine besonders raffinierte Form der Scheinrechnung, die nie jemand entdeckt hätte. Denn warum hätte man ausgerechnet diese Rechnung bei einer Betriebsprüfung hinterfragen sollen? Es hätte nicht einen Anhaltspunkt für etwaige Zweifel gegeben, schließlich wurde der faule Deal durch ein richterliches Urteil dokumentiert und bestätigt.

Auch von der Renditeseite her betrachtet ging dieser Betrug bestens auf. Konservativ gerechnet waren dem Immobilienmann etwa 12 000 Mark Gerichts- und Anwaltskosten entstanden. Die Rechnung, die er nach dem französischen Richterspruch zu bezahlen hatte, belief sich auf rund 400 000 Mark. Seine Betriebsausgaben stiegen somit um 400 000 Mark, was am Ende eine Steuerersparnis von gut 200 000 Mark einbrachte. Abzüglich der 12 000 Mark Gerichtskosten war das ein gutes Geschäft.

Doch der Mann wollte nach dem warnenden Anruf des bayerischen Bankdirektors offenkundig reinen Tisch machen. Vermutlich wusste er einfach nicht, wie perfekt sein Steuerbetrug im Grunde war. Gleichwohl musste ich mich in all den Jahren immer wieder fragen, was wohl dabei herausgekommen wäre, wenn all die raffinierten Steuersünder, die wir erwischen konnten, ihr Wissen, ihre Energie und vor allem ihre Fantasie in die Entwicklung ihrer eigenen Unternehmen eingebracht hätten? Ob sie mit einer guten Geschäftsidee am Ende nicht besser gefahren wären als mit einem ausgefeilten Hinterziehungstrick?

Süß und sauer

Um verborgene und vor allem verbotene Wege zu finden, den Staat an der einen oder anderen Stelle um die Steuer zu betrügen, braucht es zunächst einmal ein Motiv. Diese Frage stellte sich auch uns Steuerfahndern im Laufe der Jahre immer wieder: Warum hinterziehen Bürger Steuern? Wer macht so was? Eine Minderheit oder gar die Mehrheit der Menschen in diesem Land? Was treibt sie an, ab einem gewissen Umfang sogar eine Anklage vor Gericht und am Ende womöglich eine Verurteilung wegen Steuerhinterziehung zu riskieren? Warum sind die Hemmschwellen bei einem Diebstahl oder Raub größer als bei einer mit bis zu zehn Jahren Haft bestraften Steuerhinterziehung? Ist es nur die Gier der Menschen, nie genug zu bekommen? Oder aber die Gier eines Staates, seinen Bürgern in jedem Lebensbereich immer mehr Geld durch Abgaben und Steuern zu entziehen? Bedingt das eine vielleicht das andere?

Aus meinen Erfahrungen nach fast drei Jahrzehnten in der Steuerfahndung ergeben sich drei Hauptmotive:

An erster Stelle dürfte wohl tatsächlich die Gier nach mehr Geld stehen, oft einhergehend mit der Argumentation, dass der Staat ohnehin zu viel Steuern nimmt, diese vergeudet und es ihm abgesehen davon gar nicht zusteht, derart brutal und ungefragt in das Vermögen seiner Bürger einzugreifen.

Als zweiten Punkt konnte ich in all den Jahren das Verlangen nach Macht sehen – und den Versuch, entscheidende Vorteile gegenüber den Konkurrenten zu erlangen. Das beginnt im Kleinen, wenn der eine mehr besitzen möchte als sein Nachbar oder Arbeitskollege, und es endet bei den politischen Führern dieses Landes, die zwar die Gesetze erlassen, für deren Um- und Durchsetzung die Staatsdiener zuständig sind, diese Gesetze jedoch hemmungslos brechen, wenn es um den persönlichen Erfolg oder den der eigenen Partei geht – wie die in diesem Buch beschriebenen Parteispendenaffären noch zeigen werden.

Und das dritte, nicht weniger wichtige Motiv für die Hinterziehung von Steuergeldern ist in dem Bestreben vieler Menschen zu sehen, über freies Geld verfügen zu können. Auch hier lässt sich feststellen, dass sich dies durch alle Schichten unserer Gesellschaft zieht. Schwarzes, also freies Geld wird nicht nur benötigt, um Politiker, Mitarbeiter anderer Firmen, mitunter sogar Beamte zu bestechen – Schwarzgeld wird häufig auch innerhalb von Familien gebraucht, um Affären, außereheliche Kinder sowie verschiedene Ausformungen von Spiel- oder Drogensucht zu Hause zu verbergen.

Wer seiner Frau gegenüber freies Geld verbergen möchte, muss in der Regel auch den Fiskus hintergehen, was in einem Staat, in dem so gut wie alles steuerpflichtig ist, geradezu tragisch anmutet. Der Sportwagen oder Schmuck für die Geliebte ist gelegentlich auch ein Fall für das Finanzamt. Und dann ist die Ehegattin auch nicht mehr weit …

Neben den Motiven für die Steuerhinterziehung war es auch interessant, die Techniken und das Unvermögen unserer Klientel zu beobachten. Wie oft schlug uns die Naivität mancher Steuersünder entgegen, die tatsächlich der Meinung waren, dass ein geschickter Steuerbetrug nur auf der Steuererklärung funktionieren musste, und dabei nicht in Betracht gezogen hatten, dass das Finanzamt auch Hausbesuche machte – in Gestalt der Steuerfahndung. Ob das der Tierarzt mit dem offen in der Praxis liegenden Einnahmenbuch war, in dem farblich abgehoben die Spalten »fürs Finanzamt« und »für mich« aufgeführt waren, oder der Handwerker, der bei 20 000 Mark Jahresgewinn sein ganzes Haus mit Urlaubsfotos und Erinnerungsstücken aus den weltweit schönsten Urlaubsparadiesen geschmückt hatte. In den meisten Fällen passte zu vieles nicht zusammen – Haus und Einkommen, Lebensstandard und Umsätze, und es wurde viel zu selten in Betracht gezogen, dass durch die empfindlichen Eingriffe einer Steuerfahndungsstelle in das Privatleben von Bürgern nicht nur die Steuererklärungen geprüft wurden, sondern im Zweifel ganze Biografien.

Gastwirte, deren Ausgaben für Einkäufe über Jahre hinweg um 30 Prozent höher als ihre Umsätze lagen, hatten schon bei einer Kontrolle durch die Betriebsprüfungsstellen keine Chance. Viele verstanden es nicht, die Ausgaben ihren fingierten Einnahmen anzupassen. Wer Jahr für Jahr über das Geschäftskonto für 10 000 Euro Bier einkaufte, aber stets nur für 5 000 Euro Bier verkaufte, hatte ein Problem. Die etwas klügeren Steuerbetrüger bestritten einen Teil ihrer Einkäufe aus den Schwarzgeldkassen. Dann passten Einnahmen und Ausgaben zusammen und der Nachweis einer Steuerhinterziehung wurde schon deutlich erschwert.

So geschehen bei einem China-Restaurant, das eine Steuerfahndungsstelle im Süden der Republik unter die Lupe nehmen musste. Mit herkömmlicher Fahnderpraxis war in diesem Fall nicht viel auszurichten. Die Bücher, die garantiert manipuliert waren, hielten jeder Überprüfung stand, die Durchsuchung hatte keinen Hinweis auf etwaige Mauscheleien gegeben und doch waren alle Beteiligten – vom Sachbearbeiter auf dem Finanzamt über die Betriebsprüfer bis hin zur Steuerfahndung – davon überzeugt, dass in dem Lokal massiv Steuern hinterzogen wurden. Man kam auf eine interessante Lösung: eine längerfristige Video-Überwachung.

Die Vorbereitungen waren schnell getroffen: Ein paar Besuche – inkognito – in dem Restaurant hatten gezeigt, dass pro Gast im Schnitt etwa 15 Mark für Essen und Getränke zu berechnen waren. Es galt also nur noch herauszufinden, wie viele Restaurantbesucher das Lokal pro Tag besuchten, und schon hätte man eine einigermaßen präzise Berechnungsgrundlage für die wahren Umsätze in dem verdächtigen China-Restaurant. Da es sich in dem vorliegenden Fall um eine mutmaßlich langjährige Hinterziehung in größerem Ausmaß handelte, wurden in der Tat aufwendige Vorkehrungen getroffen.

In einem Haus auf der anderen Straßenseite konnte man einen Mieter dazu überreden, in seinem Fenster, das exakt gegenüber des Restauranteingangs lag, eine Videokamera zu installieren, die jede Bewegung an der Lokaltür für die Steuerfahndung aufzeichnete – und zwar über einen längeren Zeitraum hinweg.

Nach der Auswertung der Bänder zeigte sich, dass der Restaurantbetreiber in einem ganz erheblichen Maße falsche Angaben gemacht hatte. Da in Fällen wie diesen auf Basis der durch die Überwachung gewonnenen Daten die Umsätze des Gastwirtes hochgerechnet, also gleichsam geschätzt wurden, stellte sich heraus, dass über einen Zeitraum von zehn Jahren etwa 1,3 Millionen Mark Steuern hinterzogen worden waren. Die Sache ging vor Gericht, und der Wirt wurde zur vollständigen Nachzahlung der von der Fahndungsstelle geschätzten Steuerschuld verurteilt und musste überdies eine sechsstellige Geldstrafe hinnehmen. Die Wahl der »Waffen« war in diesem Fall tatsächlich grenzwertig – aber letztlich hatte doch der Zweck, beziehungsweise der Erfolg, die Mittel geheiligt.

Tricks vom Assessor

Bei Friedbert L. (Name geändert) musste ich immer an einen Geisterfahrer denken, der auf der Autobahn fahrend die Warnmeldung im Radio hört und sich dann erstaunt fragt: »Was, *ein* Geisterfahrer? Hier sind doch alle falsch unterwegs!«

So ein Mensch war der Herr Assessor L. Der Mann hatte Rechtswissenschaften studiert und sein Studium mit Auszeichnung bestanden, aber irgendwie nie die Zulassung als Anwalt beantragt. Er blieb ein Assessor, ohne Job, aber voller kruder Rechtsideen – oder vielmehr Unrechtsideen, die er in einem kleinen, selbst geschriebenen und selbst kopierten Magazin unter die Leute brachte. Sogar Bücher hatte der Jurist geschrieben. Werke, die Gesetzeslücken aufdecken sollten und Anleitungen zum Gesetzesbruch gaben. Dieser Mann hatte eine Mission, und die widersprach in wesentlichen Zügen der deutschen Rechtsauffassung. Was ihm eines Tages auch umfangreiche Ermittlungen der Steuerfahndung Frankfurt einbrachte.

In seinen schriftlichen Werken gab der Assessor seinen Lesern bei allen erdenklichen Rechtsthemen Tipps, wie sie legal gegen geltendes Recht verstoßen konnten, ohne – wie er behauptete – dafür belangt zu werden. Ratschläge, die einer Vielzahl seiner Anhänger zum Verhängnis wurden und sogar den einen oder anderen ins Gefängnis brachte.

Auf einer Schreibmaschine verfasste L. in einer möblierten, kleinen Wohnung das »Tricksereien-Magazin« (auch dieser Name wurde geändert). Darin waren Dinge nachzulesen, wie man etwa mit Briefen umzugehen hatte, die per Einschreiben oder gar Zustellungsurkunde eingingen: Man behauptete später einfach, der Umschlag sei leer gewesen. Ein Brief ohne Inhalt – die reine Versendung von Luft – und schon konnte man eine Fristsetzung oder Mahnung »legal« ignorieren. Ein Graubereich, der vermutlich nicht vor jedem deutschen Gericht Bestand hat.

Friedbert L. arbeitete selbstverständlich selbst auch mit allen erdenklichen Tricks, die ihm in seinem Zimmer beim Studium deutscher Gesetzestexte in den Sinn gekommen waren. So veröffentlichte er sein Magazin in einer Verlagsgesellschaft mbH i. G., also einer Gesellschaft in Gründung, für die er eine Postfachadresse angegeben hatte. Er selbst hatte auch keinen Wohnsitz angemeldet, sodass er zunächst als Bürger und Unternehmer gar nicht greifbar war. Sein Magazin verkaufte er im Abonnement für 100 Mark. Alles in allem schien der Mann ein mit allerhand Verschwörungstheorien behafteter Außenseiter zu sein, der mit seinen absurden Ideen und Publikationen gerade eben so auf äußerst bescheidenem Niveau überleben konnte. Ob seine Abonnenten, die seinen Tricks

gefolgt waren, letztlich reich geworden waren, blieb da-
hingestellt.

Die Abonnement-Akquise hatte Friedbert L. in einigen Fällen
mit dem Verkauf von fiktiven Forderungen verknüpft. Diese
Magazin-Abonnenten kamen in den Genuss, von Friedbert L.
Inkassorechnungen zu erhalten. Dieser Trick funktionierte fol-
gendermaßen: Friedbert L. behauptete beispielsweise, dass ein
Ehepaar aus Gelsenkirchen die von ihm entdeckten Gesetzeslücken in einem Buch veröffentlicht und somit das Urheberrecht
verletzt hätte. Daraus ergab sich für L. eine Forderung in Höhe
von einer Million Mark. Das Ehepaar aus Gelsenkirchen existierte natürlich nicht, das Buch, welches sie mit seinen Ideen verfasst
haben sollten, dementsprechend auch nicht. Das ganze Konstrukt war eine Fiktion. Aber genau diese Forderung »verkaufte«
Friedbert L. an die Menschen, die bei ihm ein solches Abo abgeschlossen hatten. Der Trick hierbei: Die Abonnenten erhielten
von ihm Rechnungen über erhebliche Beträge – plus damals 14
Prozent Mehrwertsteuer –, die sie dem Finanzamt als Vorsteuer
präsentierten.

Das funktionierte jedoch nur bei Unternehmern, die der Soll-
Besteuerung unterlagen. Kurz zur Unterscheidung von Ist- und
Soll-Besteuerung: Kleinunternehmer, wie beispielsweise Journalisten oder auch Steuerberater, unterliegen der Ist-Besteuerung,
das heißt, sie stellen ihren Kunden eine Rechnung plus Mehrwertsteuer, und erst wenn das Geld eingegangen ist, muss die
Mehrwertsteuer an das Finanzamt abgeführt werden. Die meisten anderen Unternehmer unterliegen der Soll-Besteuerung. In
diesem Fall muss die Mehrwertsteuer bereits mit Ausgang der
Rechnung an das Finanzamt abgeführt werden, gleichgültig, ob
das Geld später kommt oder nicht.

Friedbert L. richtete sein Geschäftsmodell an Unternehmer, die der Soll-Besteuerung unterworfen waren. Die erhielten eine Rechnung über die Inkasso-Forderung des Magazinmachers L. und forderten vom Finanzamt die Mehrwertsteuer als Vorsteuer zurück, die sie – rein theoretisch – laut Rechnung an L. zahlen mussten. Solche Rechnungen wurden aber nie bezahlt.

Plötzlich tauchten also Handwerker auf, die bis dahin vielleicht 6000 Mark Umsatz pro Monat gemacht hatten und reichten beim Finanzamt eine Rechnung von Friedbert L. über eine Höhe von 100 000 Mark zuzüglich 14 Prozent Mehrwertsteuer ein. Ihre Forderung: 14 000 Mark Vorsteuer.

Die Finanzämter erstellten Kontrollmitteilungen, die Friedbert L. beziehungsweise seinen Verlag i. G. betrafen. In der gesamten Republik geisterten im Laufe der Zeit Rechnungen von Friedbert L. in fünf- oder sechsstelliger Höhe herum, und keiner konnte sich das so richtig erklären. Die Steuerfahndung wurde eingeschaltet.

Unter Aspekten des gesunden Menschenverstandes betrachtet, konnte diese Sache nicht funktionieren, weil die »Kunden« des Herrn Assessor L. ja irgendwann tatsächlich die Rechnungen plus die Mehrwertsteuer, die sie bereits vom Staat kassiert hatten, hätten bezahlen müssen. Aber das taten sie nicht. Auch gab es natürlich keinen gerichtlichen Urheberrechtsstreit. Das einzige Geld, das in diesem Konstrukt wirklich floss, war die Mehrwertsteuer-Rückerstattung der Finanzämter. Es handelte sich also um Steuerhinterziehung, und bald kamen die ersten Fälle vor Gericht.

Ein mehrfach einschlägig vorbestrafter »Kunde« des Rechtsassessors wurde zu vier Jahren Gefängnis verurteilt, andere erhielten Geldstrafen – und Friedbert L. stellte weiter Rechnungen aus.

In seinem Tricksereien-Magazin schrieb er von Unrechtsurteilen. Der Mann glaubte tatsächlich an seine Sache, und ein paar seiner Kunden auch. Wurden diese mit dem Vorwurf der Steuerhinterziehung konfrontiert, sprachen sie von Gesetzeslücken. Welche diese sein könnten, wussten sie nicht zu sagen – sie zitierten einfach nur ihren Rechtsberater und Geschäftspartner L., den Herrn Assessor.

In der Zwischenzeit konnten wir den Mann endlich aufspüren, nachdem er bei einem seiner zahlreichen Ortswechsel einen Fehler begangen hatte. Aber er blieb weiter stur. Während der Durchsuchung seines Zimmers versuchte ich immer wieder, auf ihn einzureden. Ich bat ihn, mit der Sache aufzuhören, da er letztlich zu viele Menschen ins Unglück stürzte. Aber Friedbert L. ließ sich nicht überzeugen: »Sie versuchen, mich von meinem Weg abzubringen, aber ich weiß, dass ich recht habe.«

Die Staatsanwaltschaft erhob Anklage gegen Friedbert L., aber der Fall blieb fast fünf Jahre in den Mühlen der Justiz hängen. Die Sache war eigentlich klar. Eigentlich. Für manche »Kunden« von Friedbert L. wurde es zunehmend enger. Die Mehrwertsteuer hatten sie kassiert, die Rechnung an Friedbert L. aber naturgemäß nicht bezahlt. Und der glaubte, mit einer Gesellschaft in Gründung überhaupt nichts zu müssen, und gab sich uneinsichtig.

Im Vorfeld des Verfahrens, das nach Jahren der Ermittlungen Mitte der 90er-Jahre endlich beginnen konnte, wurde Friedbert L. in einer Uniklinik von einem Psychologie-Professor auf seine Zurechnungsfähigkeit überprüft. Aber auch in diesem Fall bediente sich der Mann seines umfangreichen Trick-Arsenals. Er stellte dem Arzt eine Rechnung für ein Beraterhonorar und erklärte während der Gerichtsverhandlung, in der er sich naturgemäß selbst verteidigte, den Gutachter für befangen, weil der ihm noch Geld von einer ausstehenden Rechnung schulden würde. Ein aberwitziger Schachzug des Assessors L.

Ich selbst war in diesem komplizierten Prozess als Zeuge geladen. Die Steuerfahndung Frankfurt hatte die Ermittlungen gegen Friedbert L. durchgeführt und die Staatsanwaltschaft hatte den Fall zur Anklage gebracht. Da ich bereits in drei oder vier weiteren Prozessen gegen die »Kunden« des Friedbert L. ausgesagt hatte, musste ich mit dem Angeklagten zusammen nach vorne an den Richtertisch treten und das ganze Konstrukt – so wie es die Steuerfahndung Frankfurt sah – im Beisein von L. noch einmal erläutern. Und dann kam es endlich zu einem Urteil: Da L. nach seinem Winkelzug gegen den Gutachter für zurechnungsfähig erkannt worden war, musste er schließlich in Kauf nehmen, dass er von dem Gericht schuldig gesprochen wurde. Ihm wurde eine Bewährungsstrafe auferlegt und unmissverständlich klargemacht, dass er für jede seiner Rechnungen, die er an Dritte verkaufen würde, ohne Ausnahme die Mehrwertsteuer abführen müsse.

Zurück im Büro berichtete ich meinem damaligen Sachgebietsleiter von der Gerichtsverhandlung und dem Ausgang des Verfahrens. Als wir unser Gespräch beendet hatten, stand ich auf und drehte mich zur Tür. Der Kollege rief mir nach: »Was haben Sie denn da an Ihrer Hose? Und was in Gottes Namen klebt da auf dem Stuhl?«

Es war ein Kaugummi. Ein riesiger Kaugummi, dessen Reste an meinem Hosenboden und dem Stuhl klebten. Da hatte ich dann die Erklärung für das merkwürdige Ziehen an meiner Hose, als ich mich im Gerichtssaal erhoben und meine Aussage gemacht hatte. Friedbert L. hatte mich ein letztes Mal austricksen wollen. Mit einem klebrigen, benutzten Kaugummi, den er mir im Gerichtssaal vor meiner Aussage offenbar auf den Stuhl gelegt hatte. Und ich dachte schon damals: Wenn der Typ diese Kaugummigeschichte irgendwann in einer seiner Trick-Publikationen aufschreiben sollte, würde ich ihn mir noch einmal vornehmen. Diesen verrückten, seltsamen Menschen, aus dessen Sicht irgendwie alle in die falsche Richtung fuhren.

ANLAGEBERATUNG –
DIE BOMBE FÜR PAKISTAN

Kein Arztgeheimnis

Die Unterhaltung mit dem 45-jährigen Mann schien dem Betriebsarzt zu entgleiten. Das, was er sich da anhören musste, hatte mit einem normalen Patientengespräch nicht mehr viel gemein. Dabei war es zunächst wieder um die schwere Alkoholsucht des hochintelligenten Physikers gegangen: ein bis zwei Flaschen Schnaps täglich. Der Allgemeinmediziner hatte erneut eine Entziehungskur vorgeschlagen, andernfalls würde sich sein Patient in nicht allzu ferner Zeit wahrhaftig zu Tode trinken.

Auch in jenem Moment war sich der Arzt nicht sicher, inwieweit sein Gegenüber überhaupt noch zurechnungsfähig war. Der Mann hatte sich in Rage geredet. Er sprach von Atombomben, die in Pakistan gebaut werden könnten, und in Indien, vielleicht auch in Südafrika. Und all das nur, weil er geholfen hätte, die Technik und das Know-how in diese Länder zu schmuggeln. Schmiergelder in beträchtlicher Höhe wären geflossen und es gäbe Scheinfirmen, die das ganze abgewickelt hätten. Schwarzgeld, Atomwaffensperrvertrag, Tritium, Steuerhinterziehung, Kriegswaffenkontrollgesetz – dem anständigen Betriebsarzt in einer hessischen Provinzstadt wurde von Minute zu Minute mulmiger. Der Physiker Robert V. (Name geändert) hatte ihm Dinge erzählt, die er gar nicht einzuordnen wusste. Was war dran an dieser absurden Geschichte? Hatte sich V. bereits in die Vorstufe einer Alkoholdemenz gesoffen und fantasierte nur? Oder war es vielleicht so etwas wie eine Beichte?

Der Mediziner wusste nicht, was er tun sollte. Es gab die ärztliche Schweigepflicht – und an diese musste er sich halten. Was aber, wenn die Geschichte, die Robert V. ihm gestanden hatte, stimmte? Was, wenn Pakistan tatsächlich »die Bombe« bauen würde und die Firma, für die auch der Arzt arbeitete, an der ganzen Sache beteiligt wäre? Der Mediziner steckte über Wochen hinweg in einer moralischen Zwickmühle. Aber er traf irgendwann doch eine Entscheidung und wandte sich schließlich an den Behördenleiter des Finanzamtes der Kleinstadt, in der er wohnte. Man kannte sich – und in einer gewissen Weise schien es dem Arzt aus standesrechtlichen Beweggründen noch am ehesten vertretbar, sich an die Finanzbehörde zu wenden. Der Gang zur Polizei schien doch ein zu großer Schritt zu sein.

Die Sache nahm dann ihren Lauf. Das kleine Finanzamt aus der hessischen Provinz machte Meldung bei der Steuerfahndung Frankfurt, von dort ging es an Staatsanwaltschaft und Landeskriminalamt (LKA). Nur kurze Zeit später marschierten Polizei und Steuerfahndung in das hessische Unternehmen AAT (Name geändert) und sicherten in einer groß angelegten Durchsuchung sämtliche Unterlagen, die die Angaben des Arztes würden stützen können.

Der Geschäftsführer des Unternehmens, Dieter P. (Name geändert), war bereits Wochen zuvor entlassen worden, weil man ihm Untreue vorgeworfen hatte, und ein Großteil der 100-köpfigen Belegschaft von AAT hatte nicht die leiseste Ahnung, an welch verhängnisvollen Projekten sie in den Jahren zuvor möglicherweise gearbeitet hatte.

Die »Beichte« des Physikers V. bei dem Betriebsarzt sollte sich im Laufe der Ermittlungen – das LKA Hessen hatte eigens eine Sonderkommission gegründet – leider bewahrheiten: Die Bundesrepublik Deutschland stand, nach allem, was man bis dahin herausgefunden hatte, Ende der 80er-Jahre vor einem der größten Atomskandale ihrer Geschichte. Die Presseberichterstattung überschlug sich in kürzester Zeit: »Atomexporte schrecken Bonn auf«, »Böse Geschäfte im toten Winkel« oder »Ein Sumpf ohne Ende« titelten die wichtigsten Medien des Landes. Und mit einem Sumpf hatte man es in diesem Fall wahrhaftig zu tun.

Wie in einem James-Bond-Film

Es hatte sich herausgestellt, dass der Fall der AAT zwei Dimensionen in sich barg, die in dem Prozess gegen die beiden Beschuldigten weitreichende Folgen haben sollten. Auf der einen Seite stand der politische beziehungsweise strafrechtliche Aspekt. Die Firma hatte mit ihren Auslandsgeschäften nicht nur die Bundesrepublik Deutschland ins Zwielicht gebracht, sondern mit den illegalen Nuklearexporten juristisch betrachtet auch gegen das Außenwirtschafts- und Kriegswaffenkontrollgesetz sowie den Atomwaffensperrvertrag verstoßen. Auf der anderen Seite war es durch unsere Ermittlungen gelungen, die illegalen Winkelzüge steuerstrafrechtlich zu bewerten, nachdem wir im Zusammenhang mit den Geschäften mit Pakistan, Indien und Südafrika schwerwiegende Steuerhinterziehungen in Millionenhöhe feststellen konnten.

Erste Details der dunklen Machenschaften des AAT-Geschäftsführers Dieter P. und seines Kumpanen Robert V. (beide Namen geändert) lasen sich erschreckend: In rund 60 Dokumentensendungen hatten die Beschuldigten offenkundig das vollständige Know-how zum Aufbau einer Brennelemente-Produktion in Pakistan geliefert und überdies Blaupausen zur Reaktortechnik, Kernfusion und Urananreicherung versandt.

Darüber hinaus waren in etwa 70 Einzellieferungen hochkomplexe Geräte wie Sinterofen sowie Elektronenstrahl- und Laserschweißanlagen für die Fertigung von Brennelementen nach Pakistan transportiert worden. Dazu kam Rohmaterial für den Bau von Uranzentrifugen, Tonnen von Zirkaloy, das zur Herstellung von Brennelement-Hüllrohren für Kernreaktoren benötigt wurde, sowie Spezialbehältnisse für das zur Urananreicherung benötigte Uranhexafluorid.

Besonders schwer wog jedoch die Lieferung einer Anlage zur Rückgewinnung und Bereitstellung von reinem Tritium sowie von 8000 Curie hochreinem Tritiumgas, das eine Strahlung von knapp 300 000 Giga-Becquerel hat und ausschließlich für militärische Zwecke verwendet wird: Tritiumgas dient bereits in geringsten Mengen als Sprengkraftverstärker von Atombomben. Allein dies stellte ein schweres Vergehen gegen das Kriegswaffenkontrollgesetz dar.

Während sich der Geschäftsführer P. der AAT um die finanziellen Dinge kümmerte, war der Physiker V. als freiberuflicher Berater für das Unternehmen tätig und mitunter auch in die technische Abwicklung der Geschäfte vor Ort eingebunden. Erste Zweifel an den brisanten Deals waren dem Mann gekommen, als er die Tritium-Anlage in Pakistan testen sollte und dafür in eine streng geheime militärische Sicherheitszone gebracht wurde. Die Forschungsanlage war in einer öden Berglandschaft versteckt, etwa 100 Kilometer von dem pakistanischen Atomzentrum Pinstech in Rawalpindi entfernt. Robert V. fühlte sich, hinter meterhohen Mauern, umgeben von schwer bewaffneten Soldaten, die in fragwürdigen Bergstollen verschwanden, wie in einem James-Bond-Film. Mit dem einen Unterschied: Das, was er da sah, war echt, und es bereitete dem Physiker trotz des ständigen Alkoholnebels, in dem er sich seit Jahren befand, gehörig Unbehagen. Er ahnte, dass an der Sache etwas faul war.

Nützliche Aufwendungen

Aber: Das »Schmerzensgeld« stimmte, und die Millionen, die diese Geschäfte in die Kassen der Beteiligten spülte, vermochten fast alle Zweifel an dieser gefährlichen Operation zu nehmen. Allein das Pakistangeschäft hatte zwischen den Jahren 1983 und 1988 ein Auftragsvolumen in Höhe von rund 20 Millionen Mark erreicht. Viel Geld, das jedoch aufgrund eines geschickten Firmengeflechts nur zu einem Teil der AAT zugutegekommen war.

Der Physiker Robert V. war Eigentümer einer Beratungsfirma – nennen wir sie ABC – die jedoch als reine Schein- oder auch als sogenannte »Briefkastenfirma« betrachtet werden musste. Die ABC stellte dem Unternehmen AAT horrende Beraterhonorare im Zusammenhang mit den Geschäften in Pakistan, Indien und Südafrika in Rechnung, aus deren Erlösen sich am Ende vor allem der AAT-Geschäftsführer P., aber auch Robert V. fürstliche Vergütungen sicherten. Dies war gleichsam die Fortsetzung der kriminellen Machenschaften auf der finanziellen und fiskalischen Ebene.

Als wir bei der Durchsuchung die Unterlagen sicherstellten, konnten wir schnell erkennen, dass ein Großteil der von der ABC in Rechnung gestellten Beträge für angebliche Provisionszahlungen in Pakistan und Indien benötigt worden war. Das war zu jener Zeit eine beliebte Begründung für den Verbleib von Geldern, deren tatsächliche Bestimmungen verschleiert werden mussten. Diese Provisionszahlungen, bei denen es sich in Wahrheit um Schmiergelder handelt, waren zu jener Zeit sogar als »nützliche Aufwendungen« steuerlich absetzbar – ein Traum für jeden zwielichtigen Steuerbürger, der so an freies Geld kommen und dies vor dem Finanzamt auch noch rechtfertigen konnte.

Wir fanden tatsächlich Belege über Provisionen und Sachgeschenke an einen Dr. Butt, einen Dr. Javed und einen Herrn Dr. Sheff. Eine imposante Auflistung, die sich in Auszügen etwa so las:

Javed, Lederetui: 359,00 DM
Butt, Spielwaren: 220,00 DM
Butt, Chronometer: 3600,00 DM
Javed, 8500 USD: 26 180,00 DM
Sheff, Ring: 1860,00 DM
Frau Javed, Präsente: 436,00 DM
Frau Butt, Kosmetikwaren: 505,00 DM

Die Quittungen über Bargeldzahlungen – so hatte es Robert V. mir gegenüber einmal eingeräumt – habe er auf dem Heimflug aus Indien oder Pakistan im Flugzeug eigenhändig gefälscht. Die Herren Geschäftsführer und Physiker hatten mit ihren krummen Geschäften demnach nicht nur die Weltsicherheit in eine gefährliche Schieflage gebracht, indem sie Nuklearanlagen an Länder verkauft hatten, die den Atomwaffensperrvertrag nicht unter-schrieben hatten, sondern auch die Eigentümer der AAT sowie die Finanzbehörden um Millionenbeträge gebracht.

Der Prozess

In Justizkreisen zeigte man sich im Vorfeld der Verhandlung ge-gen die Angeklagten ein wenig verunsichert. Die Höchststrafe bei Verstößen gegen das Kriegswaffenkontrollgesetz lag damals bei fünf Jahren Gefängnis. Es galt jedoch als äußerst fraglich, ob der Strafrahmen überhaupt ausgeschöpft werden konnte. Ein Unter-nehmer aus Freiburg im Breisgau war in einem vergleichbaren Fall mit acht Monaten Bewährung und 30 000 Mark Geldstra-fe sehr milde abgeurteilt worden, nachdem die Richter anerken-nen mussten, dass es dem südbadischen Unternehmer Ende der 70er-Jahre bei der Lieferung einer Uranhexafluorid-Anlage nach Islamabad vonseiten des Staates geradezu leicht gemacht worden war. In der Urteilsbegründung von damals hieß es:

»Zu seinen Gunsten ist zu berücksichtigen, dass ihm die staatli-chen Behörden die Tat insofern leicht gemacht haben, als der An-geklagte die Waren allesamt ordnungsgemäß verzollt hat und es zur Durchführung der Exporte keiner Nacht- und Nebel-Aktion bedurfte. Er musste keineswegs besonders raffiniert vorgehen, um sein Ziel zu erreichen. Ein hohes Maß an krimineller Energie bedurfte es nicht.«

Die Beschuldigten der AAT hatten zwar ein gehöriges Maß an »krimineller Energie« an den Tag gelegt und ihre illegalen Lieferungen zum Teil raffiniert getarnt. So fragten sie beispielsweise beim damaligen Bundesamt für Wirtschaft nach den Auflagen für einen Tritium-Export nach Pakistan. Nachdem sie erfahren hatten, dass die Ausfuhr genehmigungspflichtig sei, wurde der Antrag einfach auf Hongkong ausgestellt. Acht leere Gasbehälter wurden daraufhin nach Hongkong geschickt, während die vollen – als leer deklariert – zu ihrem Bestimmungsort nach Pakistan geliefert wurden. Nicht schlecht für einen Mann wie dem AAT-Geschäftsführer P., der in seiner Freizeit im Kirchenvorstand aktiv war.

Gewichtige Warnhinweise aus der Schweiz an das Bundesaußenministerium waren allerdings nur oberflächlich bearbeitet worden. Die Ausfuhrkontrolle des Landes hatte trotz einiger Auffälligkeiten im Falle der AAT letztlich versagt und eine gewisse Mitschuld an der ganzen Misere. Der »Spiegel« hatte in jener Zeit beispielsweise herausgefunden, dass auch Warnungen aus den USA in Deutschland verpufft waren:

»*Doch die Bonner und Eschborner Bürokraten sahen keinen Handlungsbedarf. Unbehelligt ging das Tritium-System, vier Wochen nach der letzten US-Warnung, in Richtung Pakistan: In zwei Seekisten verpackt auf dem Frachter Ayubia am 30. Dezember ab Hamburg, tags darauf ein weiterer Behälter per Luftfracht mit Pakistan International Airlines (Flugnummer PK 716). Die Nachlässigkeit der Beamten kommentierte Ankläger Hübner vor dem Bonner Atomausschuss knapp: Die Staatsanwaltschaft würde anders ermitteln.*«

Im Fall der AAT hatte man im schlimmsten Fall also Ähnliches wie in Freiburg zu befürchten – was jedoch am Ende die Steuerfahndung Frankfurt durch ihre erdrückenden Ermittlungsergebnisse verhindern konnte. Die Richter des Landgerichts Hanau sprachen aus diesem Grund auch von einem Steuerstrafverfahren, als den beiden Männern der Prozess gemacht wurde.

Der AAT-Geschäftsführer P. hatte lediglich sein Firmengehalt in der Steuererklärung angegeben – von den über die ABC erschlichenen Provisionen in Höhe von 3,6 Millionen Mark hat er dem Fiskus naturgemäß nichts gesagt. Und der Physiker Robert V.? Der spielte nicht nur mit seiner Gesundheit Vabanque – er pokerte auch den Finanzbehörden gegenüber hoch und hatte über die Jahre hinweg gar keine Steuererklärung abgegeben.

Ende 1990 erging schließlich das Urteil: Der Geschäftsführer P. wurde zu fünf Jahren Haft, der Physiker V. zu drei Jahren und neun Monaten Gefängnis verurteilt. In der Urteilsbegründung lenkte der vorsitzende Richter den Fokus auf die eindeutig erwiesene und unzweifelhafte Steuerhinterziehung der beiden Männer. Das Urteil erinnerte fast ein wenig an Al Capone, der auch von der Steuerfahndung zur Strecke gebracht worden war. So etwas funktioniert also auch in Deutschland.

Nach dem starken Erdbeben in Japan im März 2011 und der anschließenden Nuklearkatastrophe muss man sich mehr denn je fragen, ob die beiden Hauptangeklagten tatsächlich die Tragweite ihrer illegalen Geschäfte überblickt haben. Wenn man sieht – wie im Fall von Japan, das in seiner Geschichte schon zwei Atombombenexplosionen über sich ergehen lassen musste –, welche verheerenden Folgen aus einer nuklearen Verseuchung entstehen können, ist es umso unbegreiflicher, wie man als Geschäftsmann für ein paar Millionen Mark eine Gefährdung des Weltfriedens bewusst in Kauf nehmen kann. Pakistan war dank der Hilfe aus Hessen in der Lage, die Atombombe zu bauen, und die beiden

AAT-Mitarbeiter hatten bis zur Verhandlung buchstäblich allen Grund zu strahlen. Ob das bis heute anhält?

Der Selbstbedienungsladen

In der Coop-Affäre, die wir fast zeitgleich zu den Nuklear-Exporten der AAT steuerstrafrechtlich zu bearbeiten hatten, erging es der Steuerfahndung ganz anders. Die Coop-Affäre gilt bis heute als einer der größten Wirtschaftskrimis des Landes und hielt auch die Steuerfahndungsstelle Frankfurt am Main jahrelang in Atem.

Es war eine beispiellose Unternehmung: Der Vorstand unter der Führung eines ehemaligen Gewerkschaftsfunktionärs versuchte ab Anfang der 80er-Jahre, den großen deutschen Konzern Coop in einer partisanenähnlichen Aktion einzunehmen und sich das Vermögen von Coop unter den Nagel zu reißen, indem er begann, sämtliche Aktien der Coop AG dem eigenen Besitz zuzuführen.

Die Coop war 1974 auf Betreiben der Gewerkschaften und der BfG-Bank aus mehr als 100 Einzelunternehmen zusammengeführt worden und hatte sich in der Folgezeit zu einem gigantischen Großkonzern entwickelt. Schon in dieser Phase war es zu merkwürdigen Verschleierungsversuchen durch den Gewerkschaftskonzern gekommen, der seine Beteiligungen zum Teil hinter merkwürdigen Handelsgesellschaften oder skandinavischen Briefkastenfirmen versteckt hatte. Die Sache kam allerdings ins Wanken, als die Gewerkschaften Mitte der 80er-Jahre in den Strudel des Skandals um die Neue Heimat gerieten. Über undurchsichtige Treuhand-Verträge wurden die Anteile an der Coop AG sukzessive durch die Gewerkschaftsholding BGAG auf die Coop selbst übertragen.

An dieser Stelle setzte das Vorstands-Trio an und begann, über Stiftungen und Briefkastenfirmen ein unüberblickbares Netz von Gesellschaften um den Teilkonzern Coop zu spinnen. Und verborgen unter diesem Netz versuchten die drei Vorstände, alle Aktien der Gesellschaft in ihren eigenen Besitz zu bringen. Das ging so lange gut, bis der »Spiegel« im Oktober 1988 die ganze Sache in einem Artikel mit dem Titel »Umgebaut und ausgehöhlt« zum Platzen brachte.

Den Ermittlern, die sich des Falles annahmen, bot sich ein schier undurchdringliches Geflecht von wirtschaftlichen Strukturen, deren einzige Bestimmung es war, Sachverhalte zu vertuschen und zu verschlüsseln. Man konnte zwar recht früh herausfinden, dass die Coop-Vorstände mehr als 100 Banken durch falsche Bilanzen um Kredite in Höhe von zwei Milliarden Mark betrogen hatten, aber allein die Sache so weit vorzubereiten, dass sie ordentlich vor Gericht hätte gebracht werden können, ließ viele Experten verzweifeln.

Die Anklageschrift allein umfasste mehr als 300 Seiten und stieß – wie so häufig in komplexen Wirtschaftsstrafverfahren – die Richter geradezu vor den Kopf. Die Steuerfahndung Frankfurt hatte an der Seite des Bundeskriminalamtes in diesem Sumpf gewühlt, und da ein Großteil der Bankverbindungen und Stiftungen in der Schweiz zu finden war, hatten wir umfangreiche Auslandsermittlungen anzustellen. Dabei waren wir auf die Problematik des »Spezialitätenvorbehalts« gestoßen. Bei Untreue und Betrug erhielt die zuständige Staatsanwaltschaft aufgrund ihrer Ersuchen Auskünfte aus dem Ausland, nur durften diese Informationen steuerlich nicht verwendet werden. Das heißt: »Unser« Staatsanwalt und auch die Kollegen vom Bundeskriminalamt wussten zu jener Zeit alles über die ausländischen »Geschäfte«, sie durften diese Informationen aber nicht an uns weitergeben, und die an sich steuerstrafrechtlichen Vorgänge waren vor Gericht nicht verwertbar. Ein Dilemma.

Das Verfahren gegen die drei ehemaligen Coop-Vorstände dauerte zwei Jahre. An etwa 100 Verhandlungstagen wurde versucht, die Vorfälle in diesem Wirtschaftsskandal aufzuhellen. Die, wie es hieß, »unwesentlichen Nebenstraftaten« – darunter dürften wohl auch die Steuerhinterziehungen verstanden worden sein – wurden irgendwann im Rahmen eines Deals zwischen Staatsanwaltschaft, Gericht und Verteidigung fallen gelassen. Unsere mehrere Jahre andauernde Ermittlungsarbeit in diesem Fall war einfach aus dem Strafverfahren gestrichen worden. »Prozessökonomie« nennt man so etwas in der Juristensprache wohl. Die Steuerhinterziehung brauchte man im Coop-Prozess nicht, um einen Schuldspruch zu erwirken. Ganz im Gegensatz zum AAT-Verfahren.

Vielleicht sind aus diesen Gründen am Ende die Urteile gegen die drei ehemaligen Coop-Vorstände vergleichsweise milde ausgefallen. Zwischen viereinhalb Jahren und zwei Jahren und acht Monaten Haft mussten die ehemaligen Topmanager für ihre wirtschaftlich gigantische Straftat hinnehmen. Mit einem müden Lächeln vermutlich. Die von uns errechneten Steuerschulden mussten sie zwar begleichen – aber ohne Strafverfahren. Und der Coop-Konzern war nach diesem Coup zerschlagen. Die 400 Läden gingen an REWE.

BANKROTTERKLÄRUNG –
DIE PARTEISPENDENAFFÄREN

Der Fall Flick

Mit Staaten wie Äthiopien, dem Sudan, Mosambik, der Elfenbeinküste oder dem Iran, die allesamt nicht als Vorzeigedemokratien bezeichnet werden können, hat die Bundesrepublik Deutschland eines gemeinsam: Alle diese Länder haben bis heute nicht die UN-Konvention gegen Korruption ratifiziert. Das mag – was Deutschland anbetrifft – ein wenig verwundern. Oder auch nicht, wenn man die großen Parteispendenskandale der vergangenen Jahrzehnte in der Bundesrepublik näher betrachtet.

Wer Geheimnisse hat, braucht freies Geld. Ob es nun die Befriedigung von verschiedenen Süchten ist – Zocken, Drogen – oder anderer Befriedigungen in Gestalt von Affären oder Bordellbesuchen bedarf, wer diese Leidenschaften pflegen und vor allem aber auch verheimlichen will, braucht Schwarzgeld. Das gilt auch für die Bestechung von Politikern.

Der Flick-Konzern stand in den 70er-Jahren vor einem derartigen Problem. Das deutsche Großunternehmen hatte 1975 Aktien der damaligen Daimler-Benz AG im Gesamtwert von 1,9 Milliarden Deutsche Mark verkauft und sah sich – von Rechts wegen – der Zahlung von gut einer Milliarde Steuern gegenüber – schließlich verdiente der Staat auch an solchen Geschäften kräftig mit.

Einen Ausweg aus diesem Steuerdilemma konnte es nur geben, wenn der Flick-Konzern den größten Teil aus diesem Daimler-Geld umgehend wieder in Deutschland reinvestierte und das Bundeswirtschaftsministerium dieses Geschäft für »volkswirtschaftlich besonders förderungswürdig« hielt. Die Sache hatte nur einen Haken: Der Konzern wollte das aus den Aktienverkäufen gewonnene Vermögen tatsächlich anlegen, nur leider nicht in der Bundesrepublik. Die Flick-Bosse hatten sich vielmehr für eine Beteiligung an dem amerikanischen Mischkonzern Grace entschieden, denn dort winkten erstaunliche Renditen. Stellte sich also die Frage, wie man eine US-amerikanische Investition als in Deutschland volkswirtschaftlich förderungswürdig verkaufen konnte. Es schien nur eine Lösung für dieses Problem zu geben: Man musste die Politiker kaufen, die das Ganze zu entscheiden hatten.

Der Bonner Regierungsdirektor Klaus Förster, Leiter der Steuerfahndungsstelle Sankt Augustin, stieß im Jahr 1979 auf Unregelmäßigkeiten in Zusammenhang mit einem Kloster. Bei der Überprüfung der »Steyler Mission« war man in den Büchern über Millionenspenden aus dem Flick-Konzern gestolpert, die für die sogenannte »Soverdia«, der »Societas Verbi Divini« – der Gesellschaft des göttlichen Wortes –, bestimmt waren. Bei der Soverdia handelte es sich um eine gemeinnützige Vereinigung, und somit waren die Spenden steuerlich voll absetzbar.

Bei Spenden von einer Partei sieht die Rechtslage übrigens anders aus. Das Bundesverfassungsgericht erklärte die unbegrenzte steuerliche Abzugsfähigkeit für verfassungswidrig und bestimmte, dass die Namen der Spender öffentlich gemacht werden müssen. Damit wollte man die politische Einflussnahme von Parteien durch Spenden erschweren, aber es gab ja auch Mittel und Wege, diese Hürde zu umgehen.

Steuerfahnder Förster und seine Kollegen fanden heraus, dass über Jahre hinweg mehr als 12 Millionen Mark vom Flick-Konzern an die Steyler Mission gespendet worden waren. Von der einen Million Mark, die der Konzern jährlich an das Kloster spendete, flossen jedoch 800 000 Mark über ein Schweizer Bankkonto direkt wieder an Flick zurück. 100 000 Mark pro Jahr gingen an einen CDU-Bundestagsabgeordneten, der den Deal vermittelt hatte, und 100 000 Mark verblieben als tatsächliche Spende in dem Kloster selbst. Auf diesem Weg kam der Flick-Konzern an sogenanntes freies oder auch anonymes Geld, das in der Folgezeit offenkundig vernünftig angelegt worden war, denn: Die Steuerbefreiung für die US-Investition nach § 6b des Einkommensteuergesetzes kam zustande und der Flick-Konzern konnte so auf wundersame Weise knapp eine Milliarde Mark an Steuern sparen.

Wg. Spenden

Nur etwa zwei Jahre später konnte der Bonner Steuerfahnder Förster erneut zuschlagen. Nach einer Durchsuchung in der Flick-Zentrale waren die Ermittler auf ein Kassenbuch des Flick-Buchhalters Diehl gestoßen, in dem fein säuberlich die Empfänger der Flick'schen Lobbyarbeit notiert waren: »wg. Franz Josef Strauß: 250 000 Mark«, »wg. Helmut Kohl: 50 000 Mark«, »wg. Walter Scheel: 100 000 Mark«, »wg. Otto Graf Lambsdorff: 30 000 Mark«, »wg. Hans Fridrichs: 30 000 Mark« ... – der Parteichef der CDU und spätere Bundeskanzler Kohl, der ehemalige Bundespräsident Scheel, der bayerische Ministerpräsident Strauß und der Bundeswirtschaftsminister Fridrichs sowie sein Nachfolger

Lambsdorff – allesamt namhafte Politiker, die da in den Büchern des Flick-Konzerns aufgeführt waren.

Ich arbeitete als junger Fahnder in den Jahren 1982/83 mit dem Ermittlungsteam von Klaus Förster zusammen, da wir von der Steuerfahndungsstelle Frankfurt gelegentlich die Bonner unterstützten. Wir mussten im Zusammenhang mit der »Staatsbürgerlichen Vereinigung« – einem gemeinnützigen Verein, der über die Jahrzehnte mehr als 200 Millionen Mark Spendengelder an die deutschen Parteien weitergeleitet hatte und als »Spendenwaschanlage« galt – die Vorstandsetagen unzähliger Großunternehmen aus dem Frankfurter Raum durchsuchen. Für mich, der ich bis dahin vornehmlich mittelständische Firmen bearbeitet hatte, war dies gleichsam eine Entjungferung. Plötzlich stand ich in den Vorstandsbüros großer Warenhauskonzerne, Banken, Versicherungen oder Chemieunternehmen und suchte dort nach Belegen oder Aktenvermerken, die auf dubiose Spendenpraktiken hinwiesen.

Aus Gründen des Steuer- und Dienstgeheimnisses ist es mir noch immer nicht erlaubt, an dieser Stelle zu tief in die Details zu gehen, ich kann nur sagen: Die Steuerfahnder, die in jenen Jahren in diesem Bereich Ermittlungen durchführten, waren mit jedem neuen Fund im zunehmenden Maße geschockt. Die Akte der Staatsbürgerlichen Vereinigung lag gut bewacht unter Verschluss eines Finanzamtvorstehers in Rheinland-Pfalz, der Heimat von Helmut Kohl, und war für die Steuerfahndung nicht so einfach zugänglich.

Gerade im Zusammenhang mit der Staatsbürgerlichen Vereinigung offenbarten sich perfide Machenschaften, die zu allem Unheil auch noch von der politischen Elite dieses Landes ausgeheckt worden waren. Verdeckte Parteispenden an die von der CDU und

Vertretern der deutschen Industrie gegründeten Staatsbürgerlichen Vereinigung konnten auf diesem Weg steuerlich abgesetzt werden. Über diese Umwege war es überdies möglich, die Namen der Parteispender zu verschleiern, was wiederum half, auch die politische Einflussnahme der Spender zu verdecken.

Unfassbare Dinge spielten sich bei Durchsuchungen großer deutscher Unternehmen ab. Nicht selten kam es vor, dass die Hausjuristen der betreffenden Konzerne uns unmissverständlich klarmachten, dass wir gerade im Begriff waren, ein »Abgeordnetenbüro« zu durchsuchen. Deutsche Bundestagsabgeordnete hatten ihre »Arbeitszimmer« in den Etagen deutscher Großunternehmen! Von da an hatte ich besser denn je verstanden, was hinter dem Begriff Lobbyismus steckt.

Doch wir durchsuchten, und die Prüfung der Bücher ergab unter anderem, dass in vielen Fällen deutsche Firmen Arbeitskräfte bezahlten, die ihren Dienst jedoch in Parteizentralen oder Abgeordnetenbüros verrichteten. Auch eine Form der Parteispende. Andere Parteien ließen sich in ihrer Mitgliederzeitung teure Anzeigen bezahlen, die nie veröffentlicht werden mussten. In den Bilanzen waren solche Summen in fünf- oder sechsstelliger Höhe als Betriebsausgaben aufgeführt und bei den Parteien als Zeitungsannonce verbucht. Nur abgedruckt wurden diese Anzeigen nie. Parteispende, verdeckt!

Oder Unternehmen bezahlten horrende Honorare an Politiker, die auf irgendwelchen Firmenveranstaltungen einen Vortrag hielten – also ein wenig Wahlkampf machten oder aus dem Parteiprogramm zitierten … Eine Spende? Die Antwort darf sich jeder selbst geben.

Bis zu den Untersuchungen, die die Bonner Steuerfahndung einleitete, schien es in der Politik in dieser Hinsicht keinerlei Unrechtsbewusstsein gegeben zu haben. Die Untersuchungen wurden vielmehr als unanständiger Angriff empfunden und gipfelten in dem Versuch, durch nachträgliche Gesetzesänderungen die Aufklärungsarbeit von Staatsanwälten und Steuerfahndern zunichte zu machen. Tatsächlich planten CDU und FDP in Absprache mit der SPD zu jener Zeit sogar eine Generalamnestie für all jene, die sich an der illegalen Parteispendenpraxis beteiligt hatten. Der Entwurf hierzu lautete:

» Wegen Straftaten nach Paragraph 370 der Reichsabgabenordnung wird nach Maßgabe der folgenden Bestimmung Straffreiheit gewährt, soweit die Taten vor dem Inkrafttreten begangen worden sind und im Zusammenhang stehen mit der steuerlichen Abzugsfähigkeit von Beiträgen oder Spenden an politische Parteien oder mit der Gemeinnützigkeit von Vereinigungen oder mit Berufsverbänden, die Zuwendungen an politische Parteien gemacht haben.«

Die Haltung, einfach Gesetze zu ändern, wenn es der politischen Kaste zu eng wird, erinnerte an die politischen Strukturen einer Bananenrepublik und sorgte für eine zunehmende Stimmung der Desillusionierung in den Reihen der ermittelnden Steuerfahnder. Dass das Gesetzänderungsvorhaben am Ende durch die aufbegehrende Basis der FDP gestoppt werden konnte, vermochte kaum noch etwas an der Politikverdrossenheit in unseren Kreisen zu ändern. Der politische Sündenfall war nicht mehr auszulöschen.

Wir hatten den Dienstauftrag, die Umsetzung der deutschen Steuergesetze zu gewährleisten. In den Finanzämtern saßen Beamte, die mit dem Maßstab-Rädchen nachmessen mussten, ob ein steuerpflichtiger Bürger vielleicht bei seinem Arbeitsweg ein wenig gemogelt haben könnte. Bei den Betriebsausgaben wurden peinlichst genau Quittungen gelesen und es wurde kritisch hinterfragt, ob ein Taschenbuch für 9,90 Mark steuerlich geltend gemacht werden konnte oder vielleicht doch nur ein Geburtstagsgeschenk für die Tochter gewesen sein könnte. Es ging um jeden Pfennig – für den Staat. Und die Menschen, die diese Gesetze erlassen hatten, ließen jegliche Moral vermissen, wenn es um das Wohl der Partei und um die Sicherung von Mehrheiten, also um die Macht ging. Eine bittere Erkenntnis.

Die ursprüngliche Idee, die hinter unserem Parlament stand, war, durch die Abgeordneten einen gesellschaftlichen und beruflichen Querschnitt im Bundestag zu gewährleisten. Einen Querschnitt hatten wir tatsächlich: Es gab statistisch betrachtet offenbar genau so viele Kriminelle im Bundestag wie in unserem Volk. Doch jeder einfache Beamte, der sich im Dienst etwas zuschulden kommen ließ, wurde hart bestraft und nicht selten aus seinem Beamtenverhältnis herausgeworfen. Die Parteispendenaffäre der 80er-Jahre hatte jedoch kaum Konsequenzen. Vor Gericht hatten fast alle Beteiligten große Erinnerungslücken und – vom Rücktritt des Grafen Lambsdorff einmal abgesehen – die politischen Karrieren liefen weiter. Helmut Kohl wurde im Jahr 1982 sogar zum Bundeskanzler gewählt.

Erst die Partei

Unter dem Gesichtspunkt des politischen Kampfes spielte Moral offenkundig keine übergeordnete Rolle. »Erst die Partei, dann das Land« schien das gängige Leitmotiv in unserer Politik zu sein. Für Beamte, die auch Staatsdiener genannt werden, ein Schlag ins Gesicht. Wer Macht wollte, musste seinen politischen Gegner bezwingen, und wer siegen wollte, brauchte hierfür viel Geld. Und um an dieses Geld zu gelangen, schien jedes Mittel recht zu sein. Aus der Sicht der Großindustrie handelte es sich bei dieser mit Geld erkauften politischen Einflussnahme um die »Pflege der politischen Landschaften«, wie es Flick-Manager Eberhard von Brauchitsch einmal bezeichnet hat.

Diese politische Landschaftspflege aber war auf Betrug, Steuerhinterziehung und Korruption gebaut und sorgte bei jedem Steuerfahnder, der an diesen Fällen arbeitete, für ein wachsendes Unverständnis gegenüber seinem Dienstherren – dem Staat. Wenn das Finanzamt vom Steuerzahler eine Auskunft erhalten wollte, musste dieser sie auch geben. Als jedoch Jahre nach dem ersten Parteispendenskandal ein Ministerpräsident Roland Koch in Hessen gefragt wurde, woher denn die Mittel für seinen aufwendigen Wahlkampf stammten, wusste er dies nicht zu beantworten. Der Mann konnte sich das einfach nicht erklären. Er versprach »brutalstmögliche« Aufklärung – und das war's.

Lehren aus der Parteispendenaffäre der 80er-Jahre wurden also nicht gezogen. Es ging weiter – oder hatte womöglich nie aufgehört. Im November 1999 wurde gegen den damaligen CDU-Schatzmeister Walther Leisler Kiep Haftbefehl wegen des Verdachts der Steuerhinterziehung erlassen. Ihm wurde vorgeworfen, im Jahr 1991 von dem Waffenlobbyisten Karlheinz Schreiber eine Million Mark als Spende für die CDU erhalten zu haben. Das Geld stammte offenbar von Thyssen und wurde bar auf einem Parkplatz in der Schweiz übergeben.

Der frühere CDU-Generalsekretär Heiner Geißler – der Mann, der später bei Stuttgart 21 den Schlichter gab – erklärte daraufhin, dass die CDU in der Ära Kohl »schwarze Konten« geführt habe, was der Altbundeskanzler kurz vor Weihnachten 1999 sogar bestätigte. Und nicht nur dies: Kohl gestand, 2,1 Millionen Mark illegale Spenden an den Büchern der Partei vorbei angenommen zu haben, verschwieg aber die Namen der Spender. Bis heute. Weil er ihnen sein Ehrenwort gegeben hätte. Und überhaupt, käuflich sei er nicht gewesen – politische Entscheidungen seien von diesen Zahlungen nicht beeinflusst worden.

Es gab zunächst keine Strafandrohung gegen Helmut Kohl, ihm wurde auch keine Beugehaft in Aussicht gestellt, um die Namen der Spender vielleicht doch zu nennen. Den Ehrenvorsitz seiner Partei gab er ab und sein Eintrag in die Geschichtsbücher als Kanzler der Einheit war nicht ganz so glorreich ausgefallen – mehr Konsequenzen hatte er nicht zu befürchten. Das Ermittlungsverfahren gegen Kohl wurde gegen die Zahlung einer Geldbuße in Höhe von 300 000 Mark eingestellt.

Andere Politiker gerieten in den Sog der Ermittlungen: Wolfgang Schäuble, Roland Koch, Manfred Kanther und Max Strauß. Daneben natürlich Schatzmeister Kiep, der zu allem Unheil im Jahr 2001 auch noch vorgab, auf einem seiner Privatkonten eine Million Mark gefunden zu haben, die der CDU gehören würde, und deren Existenz er neun Jahre lang übersehen hätte. In den Zeitungen war bald schon von »Leisler Krull« die Rede. Und so hatte die CDU plötzlich eine weitere Million, die sie nicht haben dürfte und über deren Herkunft auch keine Klarheit herrschte.

Der schwarze Sheriff

Manfred Kanther war Bundesinnenminister und als Hardliner in der Verbrechensbekämpfung bekannt. Gegen den hessischen

CDU-Politiker selbst liefen jedoch Ermittlungen, weil während seiner Amtszeit als Generalsekretär der hessischen CDU mehr als 20 Millionen Mark Schwarzgeld auf Schweizer Konten geflossen waren. Vor dem Bundestagsuntersuchungsausschuss konnte er sich an die meisten Vorgänge einfach nicht mehr erinnern. Wäre das auch einem Angeklagten zugestanden worden, der unter seiner Amtszeit als Innenminister vor Gericht gestanden wäre? Kanther wurde zum Opfer »seiner« Gesetze und zu 18 Monaten auf Bewährung und einer Geldbuße in Höhe von 25 000 Euro verurteilt.

In Hessen erklärte der damalige Landesschatzmeister der CDU, Casimir Prinz Wittgenstein, bei den Parteigeldern handele es sich um »anonyme jüdische Vermächtnisse«, was an Perfidie kaum noch zu übertreffen war und international für Empörung sorgte. Ministerpräsident Roland Koch musste sich daraufhin beim Jüdischen Landesverband von Hessen für diese ungeheuerliche Aussage entschuldigen.

Ich hatte – zum Teil mit Informationen der Steuerfahndung Augsburg – an Vorgängen um diese Geldflüsse ermittelt. Wir waren an Durchsuchungen in CDU-Büros, -Geschäftsstellen und -Privatwohnungen beteiligt, und wieder gab es einen ungeheuerlichen Sumpf, der alles überstieg, was in den Medien berichtet wurde. Es kam zu Selbstanzeigen und Nachmeldungen führender Unionspolitiker, und wir beobachteten mit Erstaunen – oder Entsetzen –, was aus allen Teilen der Republik in dieser Sache noch offengelegt wurde. Und wir mussten uns immer wieder klarmachen: Das ist die Bundesrepublik Deutschland. Das ist die Partei, die dieses Land 16 Jahre lang geführt hat. Das ist, das war unser Dienstherr.

Diese Geschichte, die ganze Bücher füllen würde, habe ich nie begreifen können. Warum das Ganze? War das die Macht, oder war es das, was die Macht aus Menschen gemacht hatte? Sollten nicht die Volksvertreter dem Volk als Vorbild dienen? Kann man vom Bürger Ehrlichkeit verlangen, wenn die politische Führung nicht vermag, ehrlich zu sein? Und kann man schließlich von den Staatsdienern erwarten, dass sie Bürger für ihre Vergehen belangen, wenn die Legislative, also die gesetzgebende Gewalt, über Jahrzehnte hinweg nicht nur gegen bestehende Gesetze, sondern auch gegen Anstand und Moral verstößt? Gibt es auf diese Fragen überhaupt Antworten?

Vielleicht klärt eines Tages jemand auf, was aus der Million geworden ist, die Ex-Schatzmeister Kiep auf seinem Konto gefunden und an die CDU zurücküberwiesen hat. Als ehemaliger Steuerfahnder wüsste ich zu gerne, wo die Million heute liegt. Ob sie vielleicht – als kleine Entschuldigung – beispielsweise in die Pflege jüdischer Gräber geflossen ist? Oder noch immer auf einem CDU-Konto liegt? Und: Wurden das Geld und die Zinserträge auch versteuert? Ich würde es mir in unser aller Sinne wünschen ...

BANKGEHEIMNIS – DEUTSCHE KREDITINSTITUTE IM VISIER

Blöd gefragt

Am Ende war es mehr als eine Milliarde Mark. Eine Zahl mit neun Nullen. So viel brachte die wohl größte Aktion der vergangenen Jahrzehnte gegen bundesdeutsche Steuerhinterzieher ein. 1 235 750 603,56 Mark haben die Ermittlungen der Steuerfahndung Frankfurt/Main gegen die Commerzbank und deren Kunden bis zum Jahr 2003 dem Staat zurückgeführt. Eine unvorstellbare Summe. Besonders, weil im Grunde alles mit einem blöden Zufall begonnen hatte.

1993 wurde in Deutschland durch den damaligen Bundesfinanzminister Theo Waigel eine Kapitalertragssteuer, auch als Zinsabschlagsteuer bekannt, eingeführt. Zinsen von Vermögen, das in Banken angelegt war, musste fortan zunächst zu einem Satz von 15 Prozent versteuert werden. In der Folge dieser Gesetzesänderung setzte in Deutschland eine beispiellose Kapitalflucht ein. Zehntausende von Bundesbürgern schafften ihr Vermögen in Länder wie Luxemburg oder die Schweiz, was nach vorsichtigen Schätzungen in den 90er-Jahren des vergangenen Jahrhunderts zu einem Vermögensexodus von rund 300 Milliarden Mark führte. Für einen gesetzestreuen Steuerfahnder waren Summen dieser Größenordnung eine Beleidigung.

Erste Maßnahmen starteten zu jener Zeit in Düsseldorf, als im Jahr 1994 Fahndungskollegen aus Nordrhein-Westfalen eine Filiale der Dresdner Bank durchsuchten. So etwas gab es bis dahin in dem Stil noch nicht. Das Kreditinstitut zog umgehend vor Gericht. Die Durchsuchung einer deutschen Großbank glich schließlich einer Majestätsbeleidigung. Banken genossen bis dahin einen seriösen Ruf und galten insbesondere durch das sogenannte Bankgeheimnis als unangreifbar. Bankvorstände und -direktoren galten zu jener Zeit – und im Grunde noch bis zum Finanzcrash im Jahr 2007 – als honorige Bürger der Gesellschaft, angesehen, hofiert und mit allem gebührendem Respekt zu behandeln. Was also hatten »biedere« Fahnder der Finanzbehörde in einer anständigen deutschen Großbank zu suchen?

Das Bundesverfassungsgericht (BVG) in Karlsruhe schmetterte die Klage des Bankhauses damals ab. In den Urteilen vom 23. März 1994 und vom 13. Dezember 1994 stimmte das BVG der Durchsuchung ausdrücklich zu und erklärte, dass bei einem »Anfangsverdacht« die Durchsuchung wie »bei jeder anderen Person« berechtigt war und das Ausmaß der Beschlagnahmeaktion (40 000 Blatt Papier) nicht zu kritisieren sei. – Man muss dazu sagen, dass verschiedene Bankmitarbeiter zu jener Zeit bei den verdunkelten Geldtransfers ins Ausland mitunter die Grenzen des guten Geschmacks verletzt hatten. Als Einzahler wurden bisweilen »Theo Waigel«, »Helmut Kohl« sowie »Schneeweißchen und Rosenrot« angegeben, was beim abendlichen Work-out in Bankkreisen vielleicht zu ein paar Lachern geführt haben mag, die Steuerfahnder jedoch gefährlich herausfordern konnte.

Die Steuerfahndungsstelle Frankfurt beobachtete die Maßnahmen und juristischen Auseinandersetzungen in Düsseldorf aus der Ferne und nahm das Urteil aus Karlsruhe mit Wohlwollen auf. Aber noch hatten wir nicht viel in der Hand, um – am größten Bankenstandort Frankfurt – selbst etwas Derartiges zu unternehmen. Es lag zwar die Anzeige eines Mitarbeiters der Commerzbank bei der Staatsanwaltschaft vor, der seinem Arbeitgeber Beihilfe zur Steuerhinterziehung vorwarf; den Stein ins Rollen brachte jedoch eine ganz andere, für uns bis heute erstaunliche Geschichte, in der sich eine große bundesdeutsche Bank unwissentlich selbst die bis dahin verheerendsten und am Ende teuersten Steuerermittlungen bescherte.

In der ersten Jahreshälfte 1995 saß ein Mitarbeiter der Commerzbank bei einem vertraulichen Gespräch in einem Dienstzimmer des Bundeskriminalamtes (BKA). Der Mann wollte wissen, wie man sich als Bankhaus – nur mal theoretisch gefragt – im Falle einer Erpressung verhalten solle. Also wenn, beispielsweise, Kontendaten von Commerzbank-Kunden in Luxemburg in die falschen Hände geraten seien. Das Ganze wäre natürlich – wohl bemerkt – nur ein Gedankenspiel, unterstrich der Bankmitarbeiter nachdrücklich in diesem Gespräch mit den Beamten des Bundeskriminalamtes.

Entsprechend oberflächlich und theoretisch fielen dann wohl auch die Antworten der Polizeiexperten aus, was den Abgesandten der Commerzbank nicht zufriedenstellte. Im Verlauf des Gespräches bohrte der Mann immer weiter nach und schien dabei nicht zu bemerken, dass er auf die klugen Fragen der Polizisten immer mehr Details dieses »theoretischen« Falls offenbarte. Kaum war der Bankmitarbeiter aus dem Gebäude, informierten die BKA-Ermittler ihre Kollegen in Luxemburg, und eine beachtliche internationale Polizeiermittlung kam ins Rollen. Denn eines hatten die Vorstände der Commerzbank, die diesen Mitarbeiter für ein ungezwungenes Gespräch zum BKA schickten, nicht bedacht: Bei Erpressung handelte es sich um ein Offizialdelikt, bei dem die Polizeibehörden ohne den Antrag des Opfers ermitteln müssen. Die Folge davon: Schon am 31. Juli 1995 wurde der ganz und gar nicht theoretische Erpresser Robert T. (Name geändert) verhaftet. In seiner Wohnung lagen auf dem Fußboden verstreut Aktenordner mit Kontodaten von Kunden der Luxemburgischen Commerzbank – ein Jahrhundertfund, von dem die Steuerfahndung Frankfurt jedoch zunächst noch nichts wusste.

Was war geschehen? Mit der Einführung der Zinsabschlagsteuer im Jahr 1993 kam es bundesweit zu empörten Aufschreien unter einer Vielzahl von Anlegern. Die Banken sahen sich infolgedessen offenbar gezwungen, Mittel und Wege für ihre Kunden zu finden, diese in ihren Augen unanständige Besteuerung zu umgehen. Wir wussten bereits von den Ermittlungen unserer Kollegen in Düsseldorf, dass eine Reihe von Bankhäusern ihrer Kundschaft angeboten hatte, das angesparte Geld nach Luxemburg und in die Schweiz zu transferieren.

Die Abwicklung war im Grunde ganz simpel. Die Banken richteten ein sogenanntes Pipeline- oder Transferkonto ein. Steuermüden Kunden wurde angeboten, das in Deutschland liegende Kapital über dieses anonyme Pipeline-Konto ins Ausland zu schieben, wo die lästige Zinsabschlagsteuer der Bundesrepublik nicht zum Tragen kam. Dabei wurde das Geld über eine fiktive Barabhebung vom deutschen Konto abgebucht und mittels einer ebenso fiktiven Bareinzahlung anonym auf das Transferkonto gebucht. Die so verschobenen Gelder landeten natürlich physisch nicht auf dem Schalter – sie verschwanden lediglich aus dem Einflussbereich der deutschen Finanzämter. Für die Kunden selbst war dieses Geschäft letztlich nur eine Verschiebung des Filialgeschäftes: Sie blieben weiter bei ihrer Bank, im vorliegenden Fall wechselten sie schlichtweg von ihrer deutschen Commerzbank-Filiale zur Commerzbank International Société Anonyme Luxembourg (CISAL).

Der Finderlohn

Die Geschäfte der ausländischen Töchter deutscher Banken zu jener Zeit blühten in einem unvorstellbaren Maße. Wo deutsche Kreditinstitute anfänglich ihre Büroräume in Luxemburg in einfachen Geschäftsgebäuden gemietet hatten, schossen nach Einführung der Kapitalertragssteuer plötzlich stattliche Bankneubauten mit Tiefgaragen und aufwendigen Sicherheitsbereichen aus dem Boden. Zeitweise wurden Bankgeschäfte sogar in angemieteten Hotelzimmern abgewickelt, so groß war der Ansturm in Luxemburg, nachdem im Jahr 1992 die Kapitalertragssteuer durch die Bundesregierung angekündigt worden war. Die Geldhäuser hatten Schwierigkeiten, in kürzester Zeit ausreichend Personal für die Luxemburger Filialen zu finden, und griffen in ihrer Not auch auf externe Spezialisten zurück. Einer davon war besagter Robert T.

Der IT-Experte bekam ein auf ein Jahr befristetes Engagement bei der Commerzbank, und als sein gut bezahlter EDV-Job beendet war, schien sich erstaunlicherweise niemand in der Bank für die Ordner mit den Kundendaten zu interessieren. Robert T. nahm die Unterlagen also einfach mit nach Hause, denn er war schlichtweg verärgert, weil sein Engagement bei der Bank nicht verlängert wurde. Diese Wut kanalisierte sich in krimineller Energie. Am 17. Mai 1995 meldete sich der Mann per Fax mit der Überschrift »Finderlohn« bei der Luxemburgischen CISAL und erklärte, dass er einen Karton mit Kundenunterlagen gefunden hätte und hierfür einen angemessenen »Finderlohn« in Höhe von fünf Millionen Mark fordere. Um der Sache Nachdruck zu verleihen, ließ Robert T. in dem Schreiben anklingen, dass sowohl die Anleger wie auch die Bank selbst mit einem »erschütternden Echo« zu rechnen hätten, falls sie seiner Forderung nicht nachkommen würden.

»Können Sie sich Schlagzeilen wie: ›Theo Waigel erhält Zugriff auf kompletten (Steuerhinterzieher-)Bestand einer deutschen Großbank in Luxembourg‹, oder ›Namensliste großer deutscher Steuerhinterzieher in dieser Ausgabe!‹ vorstellen? Ebenfalls recht spaßig ist die Vorstellung, die Dokumente direkt an das BMF, z. Hd. Herrn Waigel, m. d. Bitte um Verteilung an die zuständigen Betriebsfinanzämter, weiterzuleiten.«

Ein klarer Fall von Erpressung, den die Commerzbank aber naturgemäß nicht anzeigen wollte, denn schließlich war man sich über die Brisanz dieser »Fundsache« durchaus im Klaren.

Im Folgenden wurden chiffrierte Kleinanzeigen in der »Frankfurter Allgemeinen Zeitung« geschaltet. Der erste Text: »Luxemburger Sammler kauft Gemälde von A. Balwé mit Echtzeitzertifikat«, sollte dem Erpresser vermitteln, dass man auf seine Forderungen eingehen würde. Im Grunde hätte der Fall abgeschlossen werden können, wenn die Bank ohne Umschweife auf diese Forderung eingegangen wäre. Vermutlich hätte kein Außenstehender je etwas von dieser Sache erfahren – schon gar nicht die Ermittlungsbehörden.

Die Commerzbank überwies das Lösegeld tatsächlich auf ein Konto mit dem Namen CISAL in Bregenz – als Kennwort wurde

»Finanzamt« vereinbart –, ließ es jedoch zunächst nicht zur Auszahlung freigeben. Stattdessen wurde eine weitere Zeitungsannonce aufgegeben: »Sammler sucht 200 Original-Blätter (1–200) von A. Balwé für DM 1 Mio., verfügbar nach Lieferung in Luxemburg ...« Die Bank versuchte dem Erpresser auf diesem Weg mitzuteilen, dass man zunächst einmal 200 Seiten aus der Saldenliste sehen wollte – zu einem Preis von 1 Million Mark, um dann das weitere Vorgehen abzustimmen. Der Erpresser lehnte diese Forderung jedoch ab und verlangte, spätestens ab dem 10. Juni 1995 über die Gesamtsumme verfügen zu können.

Eine weitere Kleinanzeige wurde geschaltet: »Luxemburger Anleger sucht für DM 5 000 000 private Anlagemöglichkeiten. Chiffre ...« Der Erpresser übersandte daraufhin tatsächlich 200 Seiten aus dem geklauten Saldenordner, zum Leidwesen der Steuerfahndung machte er sich jedoch keine Kopien, sodass bei den späteren Ermittlungen diese 200 Seiten fehlten. Aber die Unterlagen des Erpressers waren noch immer äußerst umfangreich. Robert T. forderte »volle Verfügungsmöglichkeit ab dem 26. Juni 1995«, andernfalls würde er die Kunden von dieser Liste direkt anschreiben und die Informationen überdies an Finanzbehörden und Presse weiterleiten.

In der Folgezeit kam es zu weiteren Unstimmigkeiten zwischen den beiden Parteien, da sich die Geldübergabe von Woche zu Woche immer wieder verzögerte. Über eine Fax-Mailbox in London gingen zahlreiche Mitteilungen ein und aus – und der Erpresser wurde immer ungeduldiger. Um seine gute Position zu unterstreichen, kontaktierte Robert T. in der Zwischenzeit – mit dem Absender Theo Waigel – ein paar Anleger, die in seiner brisanten Kontenliste aufgeführt waren. Die überraschten Empfänger dieser merkwürdigen Schreiben marschierten selbstverständlich umgehend zu ihren Kundenberatern der Commerzbank und verlangten nach einer Erklärung für diese ungeheuerliche und vor allem strafrechtlich gefährliche Indiskretion. Die Herrschaften waren aufgebracht.

Inzwischen war die Lösegeldforderung auf 6 Millionen angewachsen – der Unmut des Erpressers kostete richtig viel Geld. Die Bank ihrerseits erhöhte ihr Gegenangebot von einer Million Mark um 500 000 und bemerkte wohl nicht, dass ein Fall dieses Ausmaßes nicht dazu geeignet war, mit einem zu allem entschlossenen Erpresser Spielchen zu treiben. Der Vorstand geriet gleichzeitig in ein unkontrollierbares Dilemma: Die Erpressungen mussten irgendwie gestoppt werden, aber die gefährliche Kundendatei durfte unter keinen Umständen in die Hände der Justiz oder der Finanzbehörden gelangen. Und so schickte man schließlich einen Mitarbeiter für eine »fiktive« Fallbesprechung zum Bundeskriminalamt.

In der Zwischenzeit wurde munter weiterverhandelt, bis man schließlich am 28. Juli 1995 ein Inserat mit dem Text »Lux-Mittel am 31.7.1995 verfügbar« in der Frankfurter Allgemeinen Zeitung schaltete. Nachdem man in der Bank erfahren hatte, dass das informelle BKA-Gespräch dummerweise doch zu Ermittlungen von Interpol geführt hatte, glaubte man, den Erpresser festnehmen zu können, indem man die Auszahlung des Geldes auf den 31. Juli beschränkte. Der Mann mit den wertvollen Bankunterlagen verstand den Inhalt der Annonce jedoch falsch: Er ging davon aus, das Lösegeld stünde ab dem 31. Juli zur Verfügung und erschien am besagten 31. Juli nicht im Bregenzer Kreditinstitut.

Die BKA-Experten und ihre Luxemburger Kollegen hatten den Fall jedoch inzwischen gelöst. Ein technischer Fehler in der

Londoner Fax-Mailbox brachte die Fahnder rasch auf die Spur von Robert T., der dann an seinem neuen Arbeitsplatz – in einer Bank in Frankfurt/Main – widerstandslos festgenommen werden konnte.

Der Jahrhundertfund

Anders als die Datendiebe heute wandte sich Robert T. mit seinem hochexplosiven Material nicht an die Finanzbehörden, sondern ging frontal gegen das Unternehmen vor – was ihm selbstverständlich eine Anklage wegen Erpressung einbrachte. Und so lag sein Fall bei einem Staatsanwalt, der die Strafsache gegen T. bearbeitete und zunächst nicht einschätzen konnte, welche Brisanz in den hierbei beschlagnahmten Ordnern steckte. Abzüglich der 200 Seiten, die der Erpresser an die Bank geschickt hatte, verblieben immerhin noch rund 340 Blatt mit den Daten von etwa 1600 Kunden. Als der besagte Staatsanwalt in der Kantine einen Kollegen traf, der für Wirtschaftsdelikte zuständig war, bat er diesen auf dem kleinen Dienstweg, einen kurzen Blick in die merkwürdigen Ordner zu werfen, die er nicht richtig einzuschätzen wusste. Und nur wenig später erhielt ich einen Anruf aus der Staatsanwaltschaft mit der Bitte, eine Einschätzung zu verdächtigem Material in einer Strafsache zu geben. Ein flüchtiger Blick reichte – der uns am Ende rund sechs Jahre harte Ermittlungsarbeit einbrachte.

Nach der ersten Sichtung war meinem Kollegen Rudolf Schmenger und mir auf dem Rückweg in unsere Dienststelle bereits bewusst, dass wir einen einzigartigen Fund gemacht hatten. Zum ersten Mal in unserer Karriere standen wir vor einer Liste mit mehreren hundert Steuerflüchtlingen. Wir hatten Namen und Luxemburger Kontostände zu einem bestimmten Fixtag – und doch hatten wir nichts. Die erste Euphorie verflog schnell, als uns klar wurde, dass auf dieser Liste keine einzige Adresse zu finden war. Selbst wenn wir die ganzen Müllers, Meiers und Schmidts gestrichen hätten, war uns bewusst, dass wir nur mit sehr viel Glück auf einen Vor- und einen Nachnamen stoßen würden, den es tatsächlich nur ein einziges Mal in Deutschland gibt. Kein Richter hätte uns für drei oder vier Menschen gleichen Namens einen Durchsuchungsbeschluss unterschrieben, in der Hoffnung, am Ende schon den Richtigen zu finden. Diese Kundenliste auf unserem Tisch barg ein schier unfassbares Steuernachzahlungsvolumen – wir wussten nur nicht, wie wir sie knacken konnten.

Nur eine Woche später erschien im »Spiegel« ein Artikel über unseren spektakulären Fund und löste bundesweit eine Welle von weiteren Veröffentlichungen zu diesem Thema aus, die uns nicht besser hätten zuarbeiten können. Nach einem Gespräch mit Robert T. im Untersuchungsgefängnis war ich zwar in den Besitz des sogenannten Ländercodes gelangt, der es uns ermöglichte, rund 70 Prozent der Namen als Bundesbürger zu identifizieren – Genaueres hatten wir aber zu jenem Zeitpunkt noch immer nicht in der Hand. Durch die massive mediale Aufbereitung dieses Themas jedoch gerieten zahlreiche Steuerflüchtlinge in Panik, weil sie sich selbst auf dieser Liste wähnten und deshalb zur letzten aller Rettungsmaßnahmen griffen: der Selbstanzeige nach § 371 der Abgabenordnung.

Nun hatten wir wenigstens einen Anfang. Die Maschinerie konnte anrollen, die üblichen Mechanismen wurden in Gang gesetzt: Kontaktaufnahme mit den jeweils für die selbstanzeigenden

Steuerflüchtlinge zuständigen Finanzämtern, Abgleich der Daten von der Liste mit denen der Steuerakten, Befragung. Schon die ersten Befragungen ließen erkennen, dass wir es wohl mit einem »Strickmuster« zu tun hatten. Fast alle der von uns befragten Beschuldigten gaben an, sie seien anfangs von ihren Bankberatern in dieser Sache angesprochen worden. Man hätte ihnen empfohlen, das in Deutschland liegende Vermögen ins Ausland zu transferieren und großzügig angeboten, diese Abwicklung auch zu übernehmen. Interessanter Nebenaspekt bei diesen Gesprächen: Die Kunden, die wir in jener Zeit besuchen mussten, waren aufgebracht. Ein Bankberater hatte ihnen zur Steuerhinterziehung geraten, und nun stand aufgrund einer peinlichen Panne im Datenschutz des Geldinstitutes die Steuerfahndung vor der Tür und machte aus der ganzen Geschichte eine Strafsache. Wir konnten auf solche Befindlichkeiten naturgemäß keine Rücksicht nehmen. Doch mit Aussagen dieser Art bekamen wir die Informationen, die wir unbedingt haben wollten: Der Verdacht auf Beihilfe zur Steuerhinterziehung vonseiten der Bank gewann immer mehr an Gestalt.

Wer zum Mittel der Selbstanzeige gegriffen hatte, war gezwungen, alles offenzulegen. Denn in jenen Fällen wurde zunächst einmal ein Steuerstrafverfahren eingeleitet, das nur dann eingestellt werden konnte, wenn alle gesetzlichen Maßgaben erfüllt waren. Während ein Beschuldigter in einem herkömmlichen Steuerstrafverfahren die Aussage verweigern konnte, war er im Falle einer Selbstanzeige gezwungen, an der Aufklärung des Falles mitzuwirken.

Durch diese – gleichsam erzwungene – Kooperation wurde von Befragung zu Befragung immer deutlicher, dass hinter dieser ganzen Liste ein System stecken musste, zumal sich bei allen Fällen die gleiche Art und Weise zeigte, wie das Geld nach Luxemburg transferiert wurde: über ein bundesweit identisches Pipeline-Konto, von dessen Existenz fast jeder Bankmitarbeiter in jeder deutschen Filiale wusste. Mit dieser Information hatten wir die Bank im Grunde schon – wir mussten eigentlich nur noch zugreifen.

Die Commerzbank versuchte, die Verwendung der »geheimen« Bankunterlagen aus Luxemburg juristisch zu verhindern. Die Argumentation des Kreditinstitutes las sich vereinfacht dargestellt in etwa so: Die Kontenlisten, die bei der Verhaftung des Erpressers sichergestellt worden waren, gehörten der luxemburgischen CISAL und sollten weder bei dem Strafverfahren gegen Robert T. noch bei etwaigen Steuerermittlungen verwendet werden dürfen. Ein Oberlandesgericht und ein Finanzgericht schlossen sich der Argumentation des Bankhauses jedoch nicht an und erteilten uns bei den Ermittlungen freie Hand.

Zu jener Zeit ging vermutlich kein Bankvorstand ernsthaft davon aus, dass sich eine kleine Steuerfahndungsstelle tatsächlich an einem derart großen Finanzunternehmen die Finger verbrennen wollte. Was konnten denn schon ein paar Ermittler gegen eine deutsche Großbank ausrichten? Auch in unserer Dienststelle gab es diese Zweifel. Vielleicht sogar berechtigt. Natürlich war es kein Problem, mit einer kleinen Armee von Steuerfahndern aus dem gesamten Bundesgebiet in eine Großbank einzulaufen. Am Ende aber würde ein gutes Dutzend Frankfurter Fahnder übrig bleiben und alles auswerten müssen, was Hunderte von Kollegen gesammelt hatten. Im Jagdjargon würden diese Kollegen eine gigantische »Strecke« legen, die von uns hätte abgearbeitet werden müssen. Und das war in der Tat ein äußerst schwieriges Unterfangen.

Der Einmarsch

Die einhellige Meinung war die, dass wir uns mit dieser Aktion höchstwahrscheinlich verheben würden und dass man sich aus diesen Gründen schon mit uns arrangieren könnte. Gebt der Steuerfahndung ein bisschen was zu spielen und dann ist wieder Ruhe im Land, schien der Plan im Hintergrund zu lauten. Wir wollten tatsächlich spielen. Was man in Bankkreisen jedoch nicht wissen konnte: Wir waren auf ein ganz großes Turnier eingestellt – und wir wollten auf jeden Fall ins Finale.

Das konnten wir allerdings nur erreichen, wenn wir die bankinternen Aufzeichnungen zu dem Pipeline-Konto finden würden. Wir verdächtigten das Geldhaus, beziehungsweise dessen Mitarbeiter, der Beihilfe zur Steuerhinterziehung in mehreren tausend Fällen. Diese wurde systematisch bundesweit nach demselben Schema betrieben, also musste es folgerichtig irgendwo beschlossen und an die Filialen weitergegeben worden sein. Das Kreditinstitut beziehungsweise dessen Mitarbeiter konnten nur wegen Beihilfe belangt werden, wenn Steuerhinterziehungen festgestellt worden waren. Da dies in den Fällen der Selbstanzeigen gegeben war – es existierten nachweislich Hinterziehungen, nur griff über § 371 AO ein Strafausschluss –, konnten wir auch wegen der Beihilfe gegen einzelne Bankmitarbeiter ermitteln. Das war unser Einstieg. Und es gab nur einen Ort, an dem wir die Beweise für eine konzertierte Beihilfe zur Steuerhinterziehung würden finden können: in der Vorstandsetage der Commerzbank.

Und so lautete dann auch unser Durchsuchungsbeschluss: Offenlegung des Pipeline-Kontos, Einsicht in alle Auslandstransfers und die Sicherstellung von Anweisungen oder Protokollen aus Vorstandssitzungen der Bank. Wir hatten das Zündholz an der

Lunte einer ganz großen Bombe. Es galt nur noch, den richtigen Zeitpunkt für die große Detonation herauszufinden.

Zwischen 1958 und 1991 hatte die Commerzbank ihren juristischen Sitz in Düsseldorf. Erst 1991 verlagerte die heute zweitgrößte Bank Deutschlands ihre Zentrale nach Frankfurt. Von unseren Konzernprüfern wussten wir allerdings, dass sich der Bankvorstand von Zeit zu Zeit auch in Düsseldorf traf – und genau dieser Zeitpunkt sollte aus taktischen Erwägungen das Datum unserer Durchsuchung sein. Solange sich der Vorstand in Düsseldorf aufhielt, dachten wir, hätten wir zumindest für ein paar Stunden unsere Ruhe vor dem Sturm, der dann noch auf uns einbrechen sollte.

Zunächst jedoch musste die für uns bis dahin größte Durchsuchungsaktion logistisch angegangen werden. Unser Zwei-Mann-Team war inzwischen auf fünf Personen angewachsen, darunter ein EDV-Spezialist. Darüber hinaus hatten wir Kontakt zur Steuerfahndungsstelle beim Finanzamt für Fahndung und Strafsachen in Düsseldorf aufgenommen, die durch ihre Ermittlungen gegen die Dresdner Bank seit 1994 eine führende Rolle bei Bankenfällen innehatte und unserem Team von Anfang an mit Rat – und später auch mit Tat – zur Seite stand. Diese Spezialisten aus Düsseldorf sowie Fahnder aus ganz Hessen und weiten Teilen der Bundesrepublik hatten wir im Vorfeld angefragt. Für ein Unternehmen dieser Größenordnung waren rund 200 Steuerfahnder nötig, und die mussten in Frankfurt untergebracht, in Lagebesprechungen informiert und in etwa 20 Gruppen zu je 10 Mitarbeitern eingeteilt werden. Es galt nicht nur, die Konzernzentrale zu durchsuchen, sondern auch die auf verschiedene Gebäude in der Stadt verteilten Buchhaltungsarchive und Außenstellen, sowie eine kleine Auswahl von Filialen im gesamten Bundesgebiet.

Von unseren Betriebsprüfern kannten wir den genauen Aufbau der Bank und konnten so die Einteilung der einzelnen Ermittlungsgruppen entlang eines Organigramms des Kreditinstitutes vornehmen. Ein wenig erinnerten die Vorbereitungen an die alten Sandkastenspiele führender Militärstrategen. Man versucht herauszufinden, wie der Gegner seine Truppen aufgestellt hat, und bereitet seinen Angriff entsprechend vor. Und der stand nun unmittelbar an.

Am 27. Februar 1996, pünktlich um 9.00 Uhr, strömten bundesweit in einer konzertierten Aktion mehr als 200 Steuerfahnder in die Commerzbank, ohne zu diesem Zeitpunkt zu wissen, dass sie im Begriff waren, eine der größten Steuernachzahlungswellen in der Geschichte der Bundesrepublik auszulösen.

Nachdem wir uns in der Frankfurter Bankzentrale ausgewiesen hatten, stellte sich innerhalb weniger Minuten eine kleine Armee von Juristen aus der hausinternen Rechtsabteilung vor uns auf. Dass die Steuerfahndung gelegentlich in einem Kreditinstitut auftauchte, um das Schließfach eines Beschuldigten zu versiegeln, war in Bankkreisen nichts Außergewöhnliches. Aber 50 Fahnder in der Zentrale mit einem Beschluss, der sich auf die gesamte Bank bezog, war ein Novum. Und neu war vor allem unsere Antwort auf die Frage der Rechtsabteilung, wo wir denn mit unserer Durchsuchung beginnen wollten: »Ganz oben, in der Vorstandsetage!«

Es dauerte nicht lange und der gesamte Bankvorstand war aus Düsseldorf in die Frankfurter Zentrale geeilt. Wir hatten mit unserer Durchsuchung in den Augen der Bankmanager einen unentschuldbaren Tabubruch begangen. So etwas wollte und konnte keiner von der Führungsspitze dieses Geldinstitutes dulden. Ich erinnere mich noch gut, wie ein Vorstand meinen Kollegen Rudolf Schmenger anblaffte, ob er denn wisse, mit wem er sich am selben Abend zum Essen treffen würde? Mit dem Bundeskanzler! Mein Kollege reagierte ruhig und besonnen: »Dann richten Sie ihm mal schöne Grüße von der Steuerfahndung Frankfurt aus.« Der Topmanager konnte nicht glauben, dass seine potente Drohgebärde derart kläglich an einem »kleinen« deutschen Steuerfahnder verpuffen konnte.

Auch hinter den Kulissen wütete ein Sturm ungeahnten Ausmaßes. Selbstverständlich konnte eine Aktion dieser Größenordnung vor den Medien nicht geheim gehalten werden. Binnen kürzester Zeit standen vor der Bankzentrale die Übertragungswagen sämtlicher großer TV- und Rundfunkanstalten. Die Frankfurter Rundschau kam noch am selben Tag mit einer Abendausgabe in den Handel, in der gesamten Republik lief die Berichterstattung zu diesem Thema auf Hochtouren. Um nicht noch mehr Image schädigende Bilder nach außen dringen zu lassen, konnten wir uns nach den ersten hitzigen Wortgefechten dann doch zügig mit der Bankführung darauf einigen, dass wir die sichergestellten Unterlagen zunächst zur weiteren Sichtung in der Bank behalten würden.

Damit konnte aus Sicht der Bank immerhin verhindert werden, dass Dutzende von Steuerfahndern kistenweise Dokumente aus der Zentrale schleppten, die für alle sichtbar in gemieteten Lkws hätten abtransportiert werden müssen. Wir bekamen in dem Bankhaus Räume zugewiesen – hierfür wurden neue Schlösser an den Türen angebracht und die Schlüssel ausnahmslos an die Steuerfahndung übergeben. Zusätzlich wurden diese Türschlösser abends auch noch versiegelt. Wir konnten und wollten uns in dieser Situation keine Sicherheitslücken erlauben. Was sichergestellt wurde, musste sorgsam verwahrt werden. Dafür hatten wir alle in der Vergangenheit schon zu viele schlechte Erfahrungen gemacht.

Mit jeder Stunde, die wir in der Bankzentrale durchsuchten, wuchsen die Berge der sichergestellten Dokumente. Wir waren erstaunt, wie viel Papier trotz einer damals bereits dominanten EDV noch in einer deutschen Großbank zu finden war. In Archiven, die leicht die Größe von Turnhallen erreichten, lagerten Millionen von Bankdokumenten. Wir wussten weder genau, wonach wir suchen mussten, noch konnten wir wissen, an welchen Stellen wir nachsehen sollten. Aber wir hatten Zeit.

Uns war klar, dass der Schlüssel für unsere Ermittlungsarbeit in dem Pipeline-Konto liegen würde. Für das Strafverfahren waren allerdings auch Dienstanweisungen, Aktennotizen und Rundschreiben von allergrößter Bedeutung. Die Saldenliste des Bankerpressers verriet lediglich, dass rund 1600 Kunden des Kreditinstituts zu einem bestimmten Stichtag gewisse Geldsummen in Luxemburg angelegt hatten. Um diese Liste aber justiziabel dechiffrieren zu können, waren wir gezwungen, alle Buchungen dieses mysteriösen Pipeline-Kontos zu prüfen.

Aus rund 700 Filialen der Bank lief bundesweit Tag für Tag eine Vielzahl von Buchungen auf das Transferkonto. Indem wir bei der Durchsuchung sämtliche Aufzeichnungen über diese Pipeline sicherstellen konnten, verschafften wir uns eine Grundlage, um in den folgenden Wochen, Monaten und Jahren in allen Filialen der Bank die legalen von den illegalen Geldbewegungen nach Luxemburg, der Schweiz und nach Gibraltar zu trennen. Aber noch waren die Durchsuchungen im vollen Gang, und fast im Minutentakt liefen bei mir neue Informationen, Hinweise und Berichte ein. Gleichzeitig stand ich als Leiter der Durchsuchungsaktion zusammen mit dem verantwortlichen Frankfurter Staatsanwalt in ständigen Verhandlungen mit Vorständen, leitenden Mitarbeitern und vor allem der Rechtsabteilung des Geldhauses. Während sich die Führung der Bank zunächst noch unkooperativ gab, trafen immer weitere verhängnisvolle Meldungen aus den bundesweit durchsuchten Filialen, Archiven und Bezirksdirektionen ein, die das Kreditinstitut gleichsam zwangen, in dieser Sache doch mitzuarbeiten.

Im Laufe des Tages konnte man sich tatsächlich mit der Führungsspitze der Bank auf pragmatische Lösungen einigen. Den Verantwortlichen der Commerzbank war klar geworden, dass wir – ohne ihren Willen zur Kooperation – das Unternehmen über einen Zeitraum von mehreren Wochen empfindlich in seiner Arbeit stören würden. An diesem Tag wurde auch deutlich, dass wir im Zweifel jede einzelne Filiale durchsuchen könnten, die in der Vergangenheit mit dem Pipeline-Konto gearbeitet hatte. Eine mediale Horrorvorstellung. Der Bankvorstand sicherte uns deshalb bereits am ersten Tag der Durchsuchung zu, dass die infrage kommenden Filialen nicht nur darauf verzichten würden, in unserer Abwesenheit die Reißwölfe anzuschalten, sondern auf unsere Anfragen hin auch sämtliche Kassenkontrollstreifen herbeischaffen würden, um die Geldflüsse auf dem Pipeline-Konto zu entschlüsseln.

An diese Absprachen hielten sich naturgemäß nicht alle. Noch am Abend der Durchsuchung zeigte der Sender RTL Bilder von einer Bankfiliale in Frankfurt-Höchst, wo nach Geschäftsschluss hinter verschlossenen Türen hektisch Akten vernichtet wurden. Die Aufnahmen waren einem dummen Zufall zu verdanken. Die Filmcrew hatte von der Staatsanwaltschaft erfahren, dass auch in der besagten Filiale durchsucht werden würde. Als das Team jedoch gegen Abend dort ankam, waren bereits alle Lichter erloschen. Enttäuscht beschlossen die RTL-Leute, auf der gegenüberliegenden Straßenseite noch einen Kaffee zu trinken, als in der Filiale plötzlich wieder Leben erwachte. Da es auf der Straße bereits dunkel war, konnte die TV-Crew ungestört die Machenschaften hinter den Scheiben filmen. Seltsamerweise verschwanden die ungeschnittenen Bänder bei dem Sender wieder, bevor wir sie hätten auswerten können – die Filiale bekam jedoch einige Tage später einen ganz speziellen Durchsuchungstermin.

Uns war natürlich klar, dass alles, was wir nicht im ersten Rollgriff sicherstellen konnten, früher oder später verschwinden würde. Jeder Steuerfahnder hat im Laufe seiner Karriere die Erfahrung gemacht, dass der erste Zugriff der wichtigste ist. Selbst versiegelte Türen oder Tresore waren trotz aller Warnhinweise nicht vor einem späteren, heimlichen Zugriff sicher. Obwohl Siegelbruch mit bis zu einem Jahr Haftstrafe oder mit einer empfindlichen Geldbuße bestraft wurde, fanden wir in vielen Fällen beschädigte Papiersiegel vor. Das konnte sich dann in aller Regel niemand erklären. War es die übereifrige Putzfrau, die leider kein Deutsch sprach? Oder hatten die Kinder in dem Raum gespielt und das Siegel verletzt? Ein Nachweis war selten zu erbringen. Derart gestaltete sich auch die Aufklärungsarbeit in der Höchster Filiale. In dem RTL-Bericht konnte zweifelsfrei erkannt werden, dass Dokumente vernichtet wurden, aber nicht, um welche Papiere es sich handelte ...

Der Brief

Während hinter den Kulissen konstruktiv und einsichtig verhandelt wurde, zeichnete der Bankvorstand nach außen hin ein völlig anderes Bild. Nur wenige Tage nach der großen Durchsuchungsaktion wandte sich der damalige Vorstandsvorsitzende der Commerzbank, Martin Kohlhaussen, am 5. März 1996 in einem Brief an seine Mitarbeiter:

»... in einer spektakulären Aktion sind in der vorigen Woche ca. 250 Steuerfahnder in die Commerzbank ›einmarschiert‹. Spontane Reaktionen aus dem In- und Ausland zeigen, dass diese Maßnahmen als gezielte Aktion gegen unsere Bank, unsere Kunden und uns, Mitarbeiterinnen und Mitarbeiter, empfunden werden. Wir alle werden so in ungerechtfertigter Weise kriminalisiert.

Wozu soll diese Aktion dienen? Unsere Bank hat sich entgegen allen Anschuldigungen nichts vorzuwerfen. Bis zur Stunde ist mir kein Fall bekannt, dass ein Mitarbeiter oder Vorstandsmitglied gegen bestehende Gesetze verstoßen hätte.

Offenbar handelt es sich um ein Ablenkungsmanöver, das die Banken – und zwar gezielt die privaten – angesichts einer unglücklichen Steuerpolitik zum Sündenbock machen soll. Ich bin über die Unverhältnismäßigkeit des Vorgehens in großer Sorge – Sorge um den Finanzplatz Deutschland und unsere gesamte Gesellschaft. Die Bundesregierung und die Hessische Landesregierung habe ich meine tiefen Bedenken schriftlich wissen lassen.

Wir müssen davon ausgehen, dass die Ermittlungen weitergehen. Wir geben Ihnen, unseren Mitarbeiterinnen und Mitarbeitern, unsere volle Unterstützung. Ich habe mein Rechtsvertrauen noch nicht verloren. Lassen Sie sich nicht einschüchtern, obwohl das Absicht zu sein scheint, sondern vertreten Sie als ›Bank an

Ihrer Seite‹ offensiv die Belange unserer Kunden. Noch gilt in Deutschland der Kundenschutz (Bankgeheimnis). Es kann nicht Recht sein, dass unsere Kunden und wir ohne Vorliegen konkreter Verdachtsgründe Adressaten wahlloser Durchsuchungen und Beschlagnahmen sind.

Es trifft zu, dass auch die Vorstandsbüros durchsucht und nicht relevante Unterlagen mitgenommen worden sind. Es ist jedoch frei erfunden, also unwahr, dass allein aus meinem Büro kistenweise Material abtransportiert worden sei. Die Wahrheit ist: drei Schriftstücke mit ohnehin bekanntem Inhalt.

Ich appelliere an Sie, mit Selbstbewusstsein auf die Angriffe zu antworten. Die Aufbruchstimmung, unser Zusammengehörigkeitsgefühl, wie es am 10. Juni letzten Jahres im Frankfurter Waldstadion sichtbar geworden ist, wird uns auch durch diese Anfeindungen führen und uns letztlich noch stärker machen. Wir haben allen Grund, selbstbewusst nach vorne zu schauen.

Mit freundlichen Grüßen«

Nun, man konnte dem Konzern diesen Brief nicht einmal übel nehmen. Nach deutschem Recht gilt die Unschuldsvermutung, und bis die Staatsanwaltschaft dem Bankhaus nicht das Gegenteil beweisen konnte, galt die Commerzbank in Bezug auf die Beihilfe zur Steuerhinterziehung als unschuldig. Und somit durfte man durchaus in einem Schreiben an die Belegschaft seine Meinung über Recht, Staat und Politik auch etwas deutlicher vertreten.

Der Zufallsfund

Was die »lieben Mitarbeiter und Mitarbeiterinnen« indes nicht wussten: Mit demselben Datum, dem 5. März 1996, ging auch ein Schreiben der Commerzbank an das Frankfurter Finanzamt raus. Eine Selbstanzeige wegen Steuerhinterziehung! Dabei ging es nicht um die untersuchte Beihilfe in unzähligen Fällen, sondern um eine Hinterziehung der Bank selbst. Das Unternehmen hatte über Jahre hinweg die Verluste ausländischer Töchter – vornehmlich aus dem latein- und nordamerikanischen Raum – zu Lasten des Gewinns im Inland gerechnet. Der Fachbegriff hierfür lautet »Wertberichtigung« und bedeutet schlicht, dass die Bank sämtliche Forderungen, die in ausländischen Filialen geplatzt waren, der deutschen Bilanz zugeschrieben hatte. Am Ende verringerte sich über diesen Kunstgriff nicht nur der inländische Gewinn, sondern entsprechend auch die Steuerbelastung des Konzerns.

Der Betriebsprüfung waren diese Zahlenspiele im Laufe der Jahre nicht aufgefallen, und wir – die Steuerfahndung – hatten diesen »Zufallsfund« noch gar nicht entdeckt, da wir noch weit davon entfernt waren, die bei der Durchsuchung gesicherten Bankdokumente zu sichten und zu überprüfen. Es war ein Hauptgewinn, der den Steuerbehörden insgesamt 500 Millionen Mark einbringen sollte. Zufallsfunde gab es bei Durchsuchungen immer mal wieder. Man fahndete nach Schwarzgeldern und spürte nebenbei einen Hehler- oder Schmuggelring auf, den man direkt an die zuständigen Polizeibehörden weiterreichen konnte. In diesem Fall jedoch waren wir – ohne es zu wissen – in den Besitz von Unterlagen gelangt, die die Bilanzierungstricks einer deutschen Großbank dokumentieren. Unrichtige Steuererklärungen eines deutschen Großunternehmens über einen Zeitraum von zehn Jahren mit Nachzahlungen in Höhe von einer halben Milliarde Mark – und darin waren die Hinterziehungen der Bankkunden noch gar nicht eingerechnet –, und das Ganze gewissermaßen im Vorbeigehen. So etwas konnte auch einem erfahrenen Steuerfahnder den Atem verschlagen.

Nach der Durchsuchungsaktion wurde das Ermittlungsteam in der Spitze auf 13 Steuerfahnder und vier Eingabekräfte aufgestockt. Mitte März 1996 wurde auch noch ein steuerstrafrechtliches Ermittlungsverfahren gegen sechs Mitarbeiter der Bank im Zusammenhang mit der Selbstanzeige eingeleitet, und Monate später eine weitere Durchsuchung von der Staatsanwaltschaft angeordnet. Diese Aktion betraf die Abteilung »Zentraler Stab Bilanz und Steuern« des Geldhauses und wurde von rund 50 Fahndern durchgeführt. Angesichts der Tatsache, dass das Ganze kurz vor Weihnachten stattfand, durfte man davon ausgehen, dass einigen Mitarbeitern der Großbank eine wenig besinnliche Zeit bevorstand.

Aber das war im Grunde nur ein Nebenkriegsschauplatz. Unser Hauptaugenmerk richtete sich noch immer auf die große Zahl der Bankkunden, die ihr Vermögen auf der Flucht vor der Kapitalertragssteuer ins Ausland geschafft hatten. Durch die bundesweite Berichterstattung in allen Medien steigerte sich der Druck auf die bis dahin noch unentdeckten Steuersünder fast täglich. Die Unsicherheit wuchs in einem rasanten Ausmaß. Wer konnte vor den bevorstehenden Untersuchungen in der Folge des gefundenen Materials noch sicher sein? Und betrafen die Ermittlungen nur die Kunden der Commerzbank, oder musste nun jeder Steuerflüchtling – ob nun bei Sparkassen-, Volks- und Raiffeisenbanken oder privaten Geldhäusern – mit Besuchen von Steuerfahndern rechnen?

Die Zahl der Selbstanzeigen nahm zu, und mit jedem in irgendeinem deutschen Finanzamt bearbeiteten Fall kamen neue Namen von Bankberatern hinzu, die in den meisten der behandelten Vorgänge bei der Abwicklung des Kapitaltransfers behilflich waren. Und so stießen wir nach einigen Wochen auf ein weiteres Novum: auf Selbstanzeigen von Bankmitarbeitern.

Die Datenflut

Da mit jedem abgeschlossenen Fall der Steuerhinterziehung auch die Beihilfe verhandelt werden konnte, gingen zum Leidwesen der Bank nun auch Selbstanzeigen der »lieben Mitarbeiterinnen und Mitarbeiter« ein. Der Informationsfluss kannte zu jener Zeit kaum noch Grenzen. Die fortschreitende Auswertung des Pipeline-Kontos gab Aufschluss über die Geldtransfers nach Luxemburg, Gibraltar und in die Schweiz. Dazu kamen die Daten über die Verschiebung von Wertpapieren und Fonds in die besagten Länder – die Abgleichung der Saldenlisten des Erpressers mit der damals frei erhältlichen Telefonbuch-CD D1-Info der Telekom, Selbstanzeigen und schließlich Auffälligkeiten, die plötzlich aus den unterschiedlichsten Finanzämtern der Republik gemeldet wurden.

Unsere Ermittlungen ergaben in der Folgezeit, dass über das Pipeline-Konto der Bank 19,4 Milliarden Mark ins Ausland geflossen waren, wovon wir bis zum Jahr 1999 bereits 13,6 Milliarden namentlich Kunden zuordnen konnten. Selbstverständlich liefen einige Gelder auch als legale Geschäftstransfers in die fraglichen Staaten, für den größten Teil dieser ungeheuerlichen Summe musste jedoch tatsächlich von einer Steuerhinterziehung ungeahnten Ausmaßes ausgegangen werden.

Die Sichtung und Verarbeitung des Pipeline-Kontos wäre ohne eine moderne, leistungsfähige Computeranlage nicht möglich gewesen. Nach zähem Ringen auf den behördlichen Hierarchie-Ebenen bekam die Steuerfahndung tatsächlich die notwendigen Mittel zur Verfügung gestellt. Ein Server mit zehn Eingabe-PCs im Wert von rund 100 000 Mark. »Verfahrenskosten« nennt man Ausgaben dieser Art. Die neue EDV verfügte für die damalige Zeit über beeindruckende Leistungswerte: 64 Megabyte Arbeitsspeicher (RAM), eine Festplatte mit 6 Gigabyte Speicherkapazität, betrieben über Windows NT 3.51. Kaum ein Mensch würde sich heute bei einem Smartphone oder einem MP-3-Player mit 6 Gigabyte Speicher begnügen – in den 90er-Jahren glaubten sich deutsche Steuerfahnder mit Rechnerleistungen dieser Größenordnung auf Augenhöhe mit der amerikanischen Weltraumbehörde NASA.

Im Zuge der Auswertung des in der Bank beschlagnahmten Materials traten erstaunliche Kapitalflüsse zutage: Für den von uns untersuchten Zeitraum konnten 1,5 Millionen Buchungen auf dem Pipeline-Konto ermittelt werden. Eintausend Mikrofilme wurden auf 102 CD-Roms übertragen. Dann wurden aus etwa drei Millionen Wertpapierbelegen die Belege für Transfers in die Schweiz und nach Luxemburg für weitere Ermittlungen ausgesondert. Alle Daten wurden in das Computersystem eingegeben und miteinander verknüpft:

- die Geldtransfers
- die Wertpapiertransfers
- die Kapitalanleger der »Erpresserliste«
- die bundesweit eingegangenen und uns gemeldeten Selbstanzeigen

Ab Mitte 1998 erfolgte die bundesweite Weitergabe dieser Daten an unsere Kollegen – sowohl in Papierform als auch elektronisch. Dabei war ein Musterordner, der an alle Steuerfahndungsstellen in der Bundesrepublik verschickt wurde. Darin waren sämtliche Ermittlungsergebnisse über Geld- und Wertpapiertransfers für den jeweiligen Zuständigkeitsbereich abgelegt sowie eine Vielzahl von Musterbelegen zu Pipeline-Konten und Kapitalbewegungen in die von uns untersuchten Länder Schweiz, Luxemburg und Gibraltar. Mit diesem Material konnte jede Steuerfahndung im Bundesgebiet ohne weitere Schulung die Fälle aus ihrem eigenen Zuständigkeitsbereich bearbeiten.

Da die Zahl der Beschuldigten aus den Commerzbank-Ermittlungen derartige Ausmaße annahm, waren zahlreiche Finanzämter von ihrer Personalstärke betrachtet gar nicht mehr in der Lage, jeden einzelnen Steuersünder der üblichen Vorgehensweise zu unterwerfen. In den einfacheren Fällen beschränkte man sich aus diesem Grund darauf, die beschuldigten Bankkunden anzuschreiben – mit dem Absender Steuerfahndung – und die betreffenden Kandidaten davon zu unterrichten, dass man von den Geldern in Luxemburg, Gibraltar oder der Schweiz Kenntnis erlangt hatte und um eine Rückmeldung bat. Das führte in der Regel auf Anraten der jeweiligen Steuerberater rasch zu Selbstanzeigen und erleichterte am Ende die Lösung der einzelnen Sachverhalte.

Ganz besonders unangenehm wurde es für all jene Bankkunden, die aufgrund der Datenpanne und den daraus resultierenden Ermittlungen eingestehen mussten, dass sie nicht nur Kapitalerträge unversteuert ließen, sondern auf den verschleierten Auslandskonten auch noch Schwarzgeld vor dem Finanzamt verbargen. Denn naturgemäß fanden wir nicht nur bereits versteuerte Gelder in Luxemburg, Gibraltar oder der Schweiz, sondern konnten mehrheitlich auch noch Hinterziehungen im Rahmen einer manipulierten Steuererklärung nachweisen. Ein Tsunami, den auch die Bank, die meinte, mit dem Erpresser Spielchen treiben zu können, nicht vorhergesehen hatte.

Am Ende stand auch die Frage im Raum, was mit all den Transfers passieren würde, die wir nicht klären konnten. Es stand fest, dass sich die Bank in unzähligen Fällen der Beihilfe schuldig gemacht hatte und man davon ausgehen konnte, dass sie aufgrund fehlender Kooperation die bis dahin nicht entschlüsselten knapp 20 Prozent aller Transfers über das Pipeline-Konto ebenfalls zu verantworten hatte. Nach heftigen Auseinandersetzungen mit der Vorstandsebene gab sich die Staatsanwaltschaft mit einer Nachzahlung der Bank in Höhe von knapp 70 Millionen Mark zufrieden.

Das Nachspiel

In der Folgezeit wurden weitere Bankhäuser im gesamten Bundesgebiet durchsucht. Die Steuerfahndung Münster nahm sich die Chefetage und die Transfers der DG-Bank vor, unsere Düsseldorfer Kollegen gingen noch einmal in die Dresdner Bank. Merrill Lynch, Sparkassen, Raiffeisen- und Volksbanken, Helaba, WestLB, Südwest LB, Trinkaus & Burckhardt, Deutsche Apotheker- und Ärztebank, Schröder, Münchmeyer, Hengst & Co. – selbst die Deutsche Bank musste sich im Zusammenhang mit Hinterziehungen aus Auslandstransfers Durchsuchungen gefallen lassen.

Noch am 2. Januar 1997 meinte der Präsident des Bundesverbandes deutscher Banken (BdB), Karl-Heinz Wessel, laut einer

Meldung der Süddeutschen Zeitung, es sei unerträglich, dass seit 1994 Kreditinstitute flächendeckend durchsucht sowie Tausende von Kunden und Bankangestellten dem Verdacht der Kriminalität ausgesetzt würden. Hilmar Kopper, Chef der Deutschen Bank und Vorstandsmitglied des BdB – berühmt geworden durch seinen Ausspruch, bei einer Schadenssumme in Höhe von 50 Millionen Mark handle es sich nur um Peanuts – wollte sogar Parallelen zu den Methoden bei der Verfolgung von RAF-Terroristen erkannt haben und erklärte, die Rasterfahndung, in die seinerzeit auch Banken einbezogen waren, habe damals dazu gedient, Mördern auf die Spur zu kommen. Dieses Verfahren sei damals als rechtswidrig betrachtet worden. Heute jedoch werde gegen unschuldige Kunden das gleiche System angewandt.

Eine bemerkenswerte Sicht der Dinge, die den Bundesvorsitzenden der Deutschen Steuer-Gewerkschaft, Dieter Ondracek, dazu veranlasste, dem Vorstandssprecher der Deutschen Bank, Hilmar Kopper, einen Brief zu schreiben. Darin heißt es:

»... Es ist unerträglich, wenn Sie die mühevolle Kleinarbeit meiner Kolleginnen und Kollegen in Steuerfahndungsstellen derart diffamieren. Sie wissen, dass Rasterfahndungen ganz etwas anderes sind. Es ist vielfach offenbar aus dem Blickfeld geraten, dass Steuerhinterziehung eine Straftat ist (§ 370 AO), die mit bis zu 10 Jahren Freiheitsstrafe geahndet werden kann. Wer dabei mithilft, Steuern zu hinterziehen, begeht ebenfalls eine Straftat, nämlich Beihilfe zur Steuerhinterziehung (§ 27 Strafgesetzbuch in Verbindung mit § 370 AO) ...

Wenn die Meldung stimmen sollte, dokumentiert sie eine außerordentliche Überheblichkeit unserer Rechtsordnung gegenüber.

Ich will nicht glauben, dass Spitzenrepräsentanten bewusst die Rechtsordnung ignorieren und das Recht nur reklamieren, wenn es ihnen angenehm ist ...«

Der Chef der Deutschen Bank offenbarte in der Tat eine bemerkenswerte Rechtsauffassung, was die deutschen Gerichte jedoch nicht davon abhalten konnte, hohe Geldstrafen gegen Bankvorstände und leitende Angestellte wegen Beihilfe zu verhängen. Und was vor allem die Steuerfahndungsstelle Frankfurt nicht daran hindern konnte, am 15. Juni 1998 bundesweit mit rund 300 Ermittlern und sieben Staatsanwälten die Zentralen der Deutschen Bank AG in Frankfurt und Eschborn sowie Filialen in Frankfurt, Freiburg, Kassel und Düsseldorf zu durchsuchen. Die Aktion kam spät, aber geballt. Bei den Auslandstransfers der Deutschen Bank spielte die Schweiz eine größere Rolle als Luxemburg, weswegen auch die Filiale im badischen Freiburg im Breisgau besonders genau unter die Lupe genommen wurde. Ein Banksprecher erklärte damals am Tag der Durchsuchung, dass es »kein System der Beihilfe zur Steuerverkürzung in der Bank« gegeben habe, aber die Nummer des Pipeline-Kontos war der Fahndung schon vor der Großaktion bekannt: 9380999. Erwartet wurden zu jener Zeit über 10 000 Einzelfälle allein aus dem Kundenstamm der Deutschen Bank – zusätzlich zu den, vorsichtig geschätzt, rund 20 000 Untersuchungen gegen Bankkunden, die sich bis dahin schon ergeben hatten.

Erstaunlich, was der damalige Präsident des Sparkassenverbandes zu den fortschreitenden Untersuchungen gegen deutsche Banken sagte: »Wir müssen nach einem Weg suchen, wie die Menschen, die ihr sauer erarbeitetes Geld nicht der Übersteuerung in Deutschland überlassen wollten, ihr Kapital ohne Kriminalisierung wieder zurückbringen können.« Überbesteuerung in Deutschland und ein Weg, der die Steuerflüchtlinge nicht kriminalisiert – also gleichsam eine Amnestie für Steuersünder. Der Mann, der das sagte, heißt Horst Köhler. Als deutscher Bundespräsident zwischen 2004 und 2010 klang er ein paar Jahre später dann ein wenig anders:

»Die Führungspersönlichkeiten in der Wirtschaft müssen begreifen, dass ihr Verhalten Auswirkungen auf den Zusammenhalt der Gesellschaft hat. Ich sehe eine Entfremdung zwischen Unternehmen und Gesellschaft, und ich finde, die Wirtschaft hat allemal die Pflicht, dem entgegenzuwirken. Übrigens auch im eigenen Interesse. Deutschland braucht auch die moralische Führung durch redliche Unternehmer, die sich offen dem Dialog mit den Bürgern stellen. Renditeziele allein machen noch keine gute Unternehmensführung. Sozialer Frieden ist allemal ein wichtiger Standortvorteil Deutschlands.«

Als oberster Repräsentant der Bundesrepublik musste man so etwas wohl sagen …

Die Gerichte ließen in dieser Zeit nur wenig Spielräume bei der Strafbemessung zu. Allein die Commerzbank beziehungsweise einige leitende Angestellte zahlten mehr als sieben Millionen Mark an gemeinnützige Einrichtungen als Auflagen für Verfahrenseinstellungen. Interessant, wenn man bedenkt, was der Erpresser Robert T. mit seiner kleinen Geschäftsidee in der Bankenwelt alles losgetreten hatte.

Den Bankdirektoren und Vorständen schadeten diese Untersuchungen indes kaum. Ihrem in der Öffentlichkeit guten Ansehen vermochten diese Skandale nichts anzuhaben. Sie passten schlichtweg ins Bild – oder zum guten Ton. Betrogen wurde schließlich das diffuse Gebilde Staat, und das versuchte doch irgendwie fast jeder. Erstaunlicherweise verlor diese Berufsgruppe erst dann an Ansehen, als im Zuge des Bankencrashs im Jahr 2007 und der daraus resultierenden Banken-, Finanz- und Wirtschaftskrise mit einem Mal auch die Bürger selbst von den fragwürdigen Machenschaften einiger Geldhäuser betroffen waren. Mit einem Schlag bekamen die weißen Krägen für alle sichtbar sonderbare Schmutzränder.

Die Commerzbank rächte sich auf ihre Art an dem Erpresser, der die Ermittlungen ins Rollen gebracht hatte: Robert T. wurde zwar wegen versuchter Erpressung zu einer Freiheitsstrafe von drei Jahren verurteilt; aus dem Umfeld der Bank wurden der Finanzbehörde jedoch auch dessen Honorarabrechnungen zugespielt – in der Annahme, er könnte diese nicht ordentlich versteuert haben. Eine aus menschlicher Sicht fast verständliche Retourkutsche. Diese Ermittlungen wurden dann tatsächlich von der hierfür zuständigen Steuerfahndungsstelle aufgenommen.

Nicht nachvollziehbar war jedoch eine Dienstanordnung der Frankfurter Finanzbehörde, die ab dem Jahr 2001 – aus welchen Gründen auch immer – fast alle weiteren Ermittlungen im Zusammenhang mit fragwürdigen Geldtransfers ins Ausland gleichsam erstickte. Diese Amtsverfügung mit dem Namen »2001/18« behinderte ausgerechnet in der Dienststelle die weiteren Untersuchungen, die mit ihren Ermittlungsergebnissen die gesamte Republik »bediente«. Eine merkwürdige Verquickung von Zufällen …

VOLLSTRECKUNG –
DIE STEUERFAHNDUNG WIRD ZUM
TATORT

Nur für den Dienstgebrauch

Die Amtsverfügung 2001/18 war auf den 30. August 2001 datiert und wurde den Empfängern in einem verschlossenen Briefumschlag übergeben. Nicht zu übersehen war der Vermerk oben rechts: »Nur für den Dienstgebrauch!« – und der Zusatz, dass dieses Schriftstück nicht ins Intranet des Amtes eingestellt werden dürfe und auch nicht in die offizielle Amtsregistratur aufgenommen würde. Eine streng geheime Angelegenheit musste das also sein, wurden Amtsverfügungen doch sonst immer auch offen in der Behörde publiziert. So etwas hatte ich in meiner bis dahin 35-jährigen Dienstzeit noch nicht gesehen.

Die Bankenteams der Steuerfahndung Frankfurt hatten im Zuge ihrer Ermittlungen dafür Sorge getragen, dass Steuerhinterzieher bundesweit einen neunstelligen Betrag an die Staatskasse zurückzahlen mussten. Noch am 5. Mai 2000 wurde der Steuerfahndung Frankfurt in einem Schreiben der Oberfinanzdirektion Anerkennung für dieses »ausgezeichnete Ergebnis« ausgesprochen und in Aussicht gestellt, den hessischen Finanzminister davon in Kenntnis zu setzen. Auch knapp drei Wochen später erhielt die Steuerfahndungsstelle des Finanzamtes Frankfurt am Main im Rahmen einer Dienstbesprechung ein ausdrückliches Lob für die effiziente Arbeit der vergangenen Jahre. Worte, die gut taten, schließlich hatten viele Mitarbeiter der Bankenteams über einen sehr langen Zeitraum weder auf die festgesetzten Dienstzeiten noch auf persönliche Befindlichkeiten Rücksicht genommen. Diese Jagd war für viele Fahnder zu einer Herausforderung geworden, die um jeden Preis zu einem Abschluss gebracht werden sollte.

In Hessen hatten sich die politischen Mehrheiten geändert, als im Jahr 1999 die CDU die Landtagswahl gewann und mit Roland Koch ein Christdemokrat zum Ministerpräsidenten gekürt wurde. Die Arbeit der Bankenteams lief vorderhand ungestört weiter – auch als zum Ende des Jahres die vor allem für die Moral von Finanzbeamten betrübliche CDU-Schwarzgeldaffäre ihre Schatten warf. Aber es wurde eine »brutalstmögliche« Aufklärung versprochen, und die Steufa hatte zu diesem Zeitpunkt weiterhin mit Dutzenden von Mitarbeitern fast rund um die Uhr mit den Auswirkungen der Bankenermittlungen zu tun.

Die erste, vielleicht noch etwas diffuse Botschaft aus führenden hessischen Regierungskreisen erfolgte auf ein Schreiben vom 29. März 2000. In einem Bericht des Finanzamts Frankfurt am Main an die Oberfinanzdirektion und das Hessische Finanzministerium war zu lesen, dass die Steuerfahndung einen kaum noch zu vertretenden personellen Engpass erreicht habe und man aus diesem Grund »eine Verstärkung der Steufa-Stelle ... um 13 Dienstposten (aufgerundet von 12,6) für Steuerfahnder, ergänzt um zusätzliche 15 Abordnungen« anrege. Die Antwort aus Wiesbaden: Es kam gar keine. Zunächst.

Bis im August die sogenannte Amtsverfügung 2001/18 überreicht wurde. Der Inhalt dieses Schreibens löste in den Gesichtern der betroffenen Steuerfahnder Erschrecken, wenn nicht sogar Entsetzen aus. Dort stand unverblümt, dass fortan ein steuerstrafrechtlicher Anfangsverdacht bei Geldtransfers ins Ausland in der Regel nur noch dann bestünde, wenn »ein Transfervolumen von DM 500 000 oder ein Einzeltransfer von DM 300 000 vorliegt.« Übersetzt besagte diese Anordnung, dass alle vor den Finanzbehörden im Ausland versteckten oder dahin transferierten Gelder, die unter diesen Beträgen lagen, nicht mehr von der Steuerfahndung bearbeitet werden durften, obwohl – nicht nur aus Sicht eines Fahnders – unmissverständlich eine Steuerhinterziehung vorlag, sondern von Finanzämtern im Umkreis von Frankfurt abgearbeitet werden sollten. Das bedeutete, dass all jene, die ihre Hinterziehungen in kleinere Tranchen stückelten, von uns künftig nichts mehr zu befürchten hatten.

Es stand außer Frage, dass die Beamten des Finanzamtes Frankfurt am Main V dieser Anordnung Folge zu leisten hatten und dabei zusehen mussten, wie eine ganze Reihe von wirtschaftlich potenten und auch namhaften Steuerhinterziehern durch die Maschen rutschten, obwohl aus Sicht der Fahnder mehr als deutlich ein hinreichender Anfangsverdacht bestanden hatte. In dem Amt brodelte es. Und nach und nach konnte man in Erfahrung bringen, dass diese fragwürdige Weisung selbst auf Führungsebene des Hessischen Finanzministeriums kontrovers diskutiert wurde. Aber sie hatte Bestand.

Mir wurde dieses interessante Papier gar nicht persönlich übergeben, da ich zu dieser Zeit nur noch am Rande mit Bankenermittlungen beschäftigt war und seit einiger Zeit mit der Steuerfahndung Augsburg zusammen an der CDU-Parteispendenaffäre und den obskuren Machenschaften des Waffenlobbyisten Karlheinz Schreiber sowie anderen Personen arbeitete. Aber auch ich hatte von dieser Anordnung selbstverständlich Kunde erhalten, wie wohl jeder Mitarbeiter der Steuerfahndung Frankfurt in jenen Tagen.

Der Inhalt dieses sonderbaren Schreibens und die daraus erwachsenden Konsequenzen führten den Arbeitsalltag der Bankenermittler geradezu ad absurdum. Die Diskussion um den Anfangsverdacht, auch unterschiedliche Auffassungen bei Verjährungsfragen – insbesondere die steuerliche Verjährung bei der Abarbeitung der Bankenfälle – hatten schon einige Diskussionen zwischen Fahndern und teilweise »neuen« Führungskräften ausgelöst und erschwerten die Arbeit.

Die Gewissensfrage

In den Augen der Frankfurter Steuerfahnder war es schlichtweg unpraktikabel, die hochkomplexen Vorgänge in Zusammenhang mit den Bankenermittlungen von einen auf den anderen Tag an die umliegenden Finanzämter abzugeben. Die Ermittler des Bankenteams vertraten die Ansicht, dass den Kollegen in den Veranlagungsteilbezirken die strafrechtlichen Vorkenntnisse fehlten, die für die Abarbeitung dieser Fälle unerlässlich waren. Das hatte nichts mit Dünkel oder elitärem Denken zu tun, sondern entsprach vielmehr der verwaltungsorganisatorischen Struktur und wurde im Übrigen von den Kollegen in den kleinen Finanzämtern auch so gesehen. Mit einem Mal wurden Spezialfälle an Finanzbeamte zur Bearbeitung gegeben, denen hierfür die Ausbildung und das Wissen fehlte.

Gravierend war aus meiner Sicht auch die mündliche Anordnung einer neu installierten Sachgebietsleiterin, wonach sich einzelne Fahnder fortan nicht mehr persönlich mit der Staatsanwaltschaft beraten durften. Wir waren von Rechts wegen Hilfsbeamte der Staatsanwaltschaft und als Steueramtmänner, Amtsräte oder Oberamtsräte auf der gleichen Stufe wie Kriminalhauptkommissare – würden aber nicht mehr mit unserem Ermittlungsleiter, dem Staatsanwalt, verhandeln dürfen. Man muss sich einmal vorstellen, wie das in der Praxis aussieht: Nach einem Fund bei einer Untersuchung muss man seinen Vorgesetzten anrufen und ihn um Erlaubnis fragen, ob man weiter ermitteln darf, und muss womöglich den Hörer an einen Staatsanwalt weiterreichen, damit die Sache von der Führung direkt besprochen werden kann. Eine absurde Vorstellung.

Ganz abgesehen von den Absurditäten, die die Amtsverfügung 2001/18 im Alltag mit sich brachte, wurde mit ihr auch die unumstößliche Egalität in unserer Rechtsprechung außer Kraft gesetzt. Ein Steuerfahnder hätte vorher bei Gewerbetreibenden schon bei der Hälfte der neu festgelegten Summe – im Zweifel schon bei einer Summe von weniger als 100 000 Mark – für einen Anfangsverdacht einen Durchsuchungsbeschluss beantragt.

Die Steuerfahndung Frankfurt stand gewissermaßen vor einer Gewissensfrage: Konnten wir mit dieser Verfügung, die aus der Führungsebene unserer Behörde kam, weiterhin der Bundesrepublik Deutschland dienen? Wir hatten diesem Staat und seiner Verfassung als Beamte einen Eid geleistet:

»Ich schwöre, dass ich das Grundgesetz für die Bundesrepublik Deutschland und die Verfassung des Landes Hessen sowie alle in Hessen geltenden Gesetze wahren und meine Pflichten gewissenhaft und unparteiisch erfüllen werde, so wahr mir Gott helfe.«

Konnten wir diesem Versprechen überhaupt noch Folge leisten, oder waren wir qua Amtsverfügung zum Bruch unseres Eides gezwungen?

Natürlich war gerade all jenen Steuerfahndern, die in der Vergangenheit mit Ermittlungen in Großbanken oder Volksparteien betraut waren, bewusst, dass ein nicht geringer Teil der im Fokus stehenden Klientel an denselben Tafeln dinierte wie die führenden Politiker der Republik. Als sich der Vorstandsvorsitzende der Commerzbank im Jahr 1996 nach unserer Durchsuchung in einem Brief an seine Mitarbeiter wandte, war zu lesen, dass der Mann seinen Unmut der Bundes- wie auch der Landesregierung schriftlich mitgeteilt hatte. Und man darf sicher sein, dass Schreiben dieser Art auch ihre Adressaten fanden und finden. Aber: Wo war nun die tatsächliche Urheberschaft dieser Amtsverfügung zu suchen?

Man könnte an die Worte Johann Wolfgang von Goethes im »Zauberlehrling« denken: »Die ich rief, die Geister, werd' ich nun nicht los!« Hatte die Frankfurter Steuerfahndung in der Vergangenheit vielleicht zu viele unsichtbare Grenzen überschritten? War es ein Fehler, im Zusammenhang mit den Ermittlungen gegen die Hertie-Stiftung wegen des Verdachts der Steuerhinterziehung auch eine Durchsuchung im Hessischen Finanzministerium und in der Oberfinanzdirektion Frankfurt am Main mit Beamten der Steuerfahndungsstelle Frankfurt durchzuführen? Sind Beamte der Steuerfahndung den Mächtigen des Landes zu nahe gekommen, als sie wegen der sogenannten »jüdischen Vermächtnisse« die illegale Parteispenden-Praxis der CDU untersucht hatten?

Auch in der Politik und in den Medien war man sich darüber nicht im Klaren. Aus diesem Grund versuchte ein Untersuchungsausschuss im Hessischen Landtag der Frage auf den Grund zu gehen, ob die Amtsverfügung 2001/18 möglicherweise aus Kreisen der konservativen Regierung in Auftrag gegeben worden war. Naturgemäß fand der Ausschuss keine Antwort.

Auf jeden Fall machte sich eine verstörte Verständnislosigkeit in den Gängen des Frankfurter Finanzamtes breit. Was hatte dieses Schreiben zu bedeuten? Welche Konsequenzen hatte die Verfügung im Alltag? Was, wenn die Umsetzung dieser Verfügung nicht mit dem eigenen Gewissen und möglicherweise auch nicht mit bestehenden Gesetzen in Einklang gebracht werden konnte? Was muss, was darf ein deutscher Beamter tun, wenn er zu der Ansicht gelangt, er müsse auf Anweisung juristisch und auch moralisch fragwürdig handeln?

Was in der Folgezeit geschah, machte aus der Finanzbehörde, der ich mehr als drei Jahrzehnte lang mit gutem und nach bestem Gewissen als Beamter gedient habe, einen Tatort: den Tatort Steuerfahndung. Aus einer einfachen Amtsverfügung entwuchs ein Skandal, der bis heute nicht nur alle Beteiligten nachhaltig aufreibt, sondern auf unabsehbare Zeit noch parlamentarische Untersuchungsausschüsse und deutsche Gerichte beschäftigten wird.

Friendly Fire

Das erste Opfer einer dann lange währenden Kampagne der Finanzbehörde Frankfurt gegen unbequeme Steuerfahnder, das heißt gegen eigene Kollegen, war der Sachgebietsleiter eines Bankenteams der Steuerfahndung.

Im Hessischen Beamtengesetz steht unter § 70 (Pflichten gegenüber Vorgesetzten):

»Der Beamte hat seine Vorgesetzten zu beraten und zu unterstützen. Er ist verpflichtet, die von ihnen erlassenen Anordnungen auszuführen und ihre allgemeinen Richtlinien zu befolgen.«

Gleichzeitig schreibt aber das BeamtStG, das Beamtenstatusgesetz, unter § 36 (Verantwortung für die Rechtmäßigkeit), vor:

»(2) Bedenken gegen die Rechtmäßigkeit dienstlicher Anordnungen haben Beamtinnen und Beamte unverzüglich auf dem Dienstweg geltend zu machen. Wird die Anordnung aufrechterhalten, haben sie sich, wenn die Bedenken fortbestehen, an die nächst höhere Vorgesetzte oder den nächst höheren Vorgesetzten zu wenden. Wird die Anordnung bestätigt, müssen die Beamtinnen und Beamten sie ausführen und sind von der eigenen Verantwortung befreit. Dies gilt nicht, wenn das aufgetragene Verhalten die Würde des Menschen verletzt oder strafbar oder ordnungswidrig ist und die Strafbarkeit oder Ordnungswidrigkeit für die Beamtinnen oder Beamten erkennbar ist. ...«

Beamte müssen also zum Mittel der »Remonstration« greifen, der Einwendung gegen eine amtliche Weisung, wenn sie Zweifel an der Rechtmäßigkeit einer Anordnung haben – und das war in diesem Fall augenfällig.

Der Sachgebietsleiter eines Bankenteams, Oberregierungsrat Gerhard S. (Name geändert), sah die Gefahr, dass durch die Amtsverfügung 2001/18, von der er erst zwei Wochen nach seinem Urlaub erfahren hatte, dem öffentlichen Haushalt erhebliche Steuernachzahlungsansprüche verloren gehen könnten, weil man gegen eine Vielzahl von Steuersündern nicht mehr adäquat ermit-

teln konnte. Und, was noch viel schlimmer wog: ORR Gerhard
S. befürchtete, dass man den Beamten der Steuerfahndung Frankfurt »Strafvereitelung im Amt« vorwerfen könnte.

Etwa zwei Wochen nach Inkrafttreten der neuen Verfügung
schrieb S. an den Vorsteher des Finanzamtes einen elfseitigen
Brief, in dem er in aller Ausführlichkeit seine Bedenken darleg-
te. In dem Schreiben vom 14. September 2001 heißt es unter
anderem:

*»Auf S. 3 der Amtsverfügung werden feste Kriterien für die ver-
bindliche Annahme eines Anfangsverdachts – u. a. Mindesttrans-
ferbeträge – vorgegeben, die mit den gesetzlichen Anforderungen
nach § 152 StPO ... nicht in Einklang zu bringen sind ...«*

Diese Zeilen fanden wenig Anklang. Der Oberregierungsrat
Gerhard S., der nach einem abgeschlossenen Jurastudium und
einer Zwischenstation bei der Kriminalpolizei zur Steuerfahndung stieß und dort als Sachgebietsleiter und Koordinator für die
Bankenfälle arbeitete, ein Beamter mit mehr als 20 Dienstjahren,
wurde nur wenige Tage später in das Finanzamt Darmstadt versetzt – in den Bereich Veranlagung Einkommensteuer. Offizielle
Begründung: Er gehöre zum Kreis angehender Führungskräfte
und müsse in mehreren Bereichen der Finanzverwaltung seine Erfahrungen sammeln.

Der Personalrat wandte sich daraufhin direkt – schriftlich – an
den hessischen Finanzminister, Karlheinz Weimar von der CDU.
Im Schreiben vom 3. Dezember 2001 an den *»Sehr geehrten
Herrn Staatsminister«* ist zu lesen, ›*... dass für die Abordnung
andere Gründe maßgebend waren.*‹ Im folgenden Absatz bringt
der Personalrat die Causa Gerhard S. auf den Punkt:

»Unabhängig von zahlreichen Problemen in der Steuerfahndungsstelle des Finanzamts Frankfurt am Main V steht nach Auffassung des Personalrates die Abordnung im Zusammenhang mit der von Herrn S. geäußerten Bedenken gegen die Bearbeitung von sogenannten Bankfällen nach einer Amtsverfügung vom 30.08.2001. Herr S. hat am 14.09.2001 gegenüber dem Finanzamtsvorsteher des Finanzamts Frankfurt am Main V seine rechtlichen und tatsächlichen Bedenken in einem Schreiben formuliert. ... Hierzu ist anzumerken, dass die Rechtsauffassung von Herrn S. von der überwiegenden Mehrheit der Mitarbeiter der Steuerfahndungsstelle geteilt wird. Auch ein Teil der Sachgebietsleiter der Steuerfahndungsstelle dieses Hauses ist seiner Meinung.

Der örtliche Personalrat hat in seiner Sitzung am 30.10.2001 gegenüber dem Vorsteher und des ständigen Vertreters seinen Protest hinsichtlich der Abordnung mündlich erklärt. In der gleichen Sitzung hat der Personalrat beschlossen, Sie als obersten Dienstherrn zu informieren und gegen eine solche Maßnahme, die auf einen bedenklichen Führungsstil gegenüber einem kritischen Beamten hinweist, zu protestieren.«

Der oberste Dienstherr, Staatsminister Weimar, reagierte selbstverständlich nicht persönlich. Er ließ am 21. Februar 2002 antworten, und zwar einen Staatssekretär. Und versehentlich – oder absichtlich – in verblüffender, geradezu entlarvender Offenheit:

»Es trifft zu, dass es hinsichtlich der Bearbeitung von Steuerfahndungsfällen im Finanzamt Frankfurt am Main V zwischen Mitarbeitern dieses Bereichs und der Amtsleitung zu Meinungs-

verschiedenheiten gekommen ist. Die Art und Weise, in der sich Herr S. in der Sache eingebracht hat, war dazu geeignet, das beiderseitige Vertrauensverhältnis nachhaltig zu beeinträchtigen. Unter dieser Voraussetzung bestand Grund zur Annahme, dass die Basis für eine erfolgreiche weitere Zusammenarbeit mit der Amtsleitung nicht mehr gewährleistet war.«

Die Wahrnehmung seiner Pflichten als Beamter musste dieser hervorragende Fachmann bitter bezahlen. Das jähe Ende einer Karriere. Der erste Kopf, der in dieser Angelegenheit rollen musste.

Die meisten meiner Kollegen deuteten die Vorfälle um den Oberregierungsrat S. so, dass die Remonstration in der Hessischen Finanzverwaltung nicht zu einer sachlichen Erörterung hinsichtlich der Sachlage, sondern zu einer »Strafversetzung« geführt hat, die damit begründet wurde, dass der Oberregierungsrat, der mit 20 Jahren Diensterfahrung aufwarten konnte, Kenntnisse in einem etwa 30 Kilometer entfernten Finanzamt sammeln sollte. Und es stellte sich die Frage: Wenn so etwas mit einer remonstrierenden Führungskraft geschah – wie würde es dann einem »einfachen« Sachbearbeiter ergehen?

Auch der für die Bankenermittlungen zuständige Staatsanwalt zeigte sich ob dieser Anweisung zutiefst bestürzt – und vor allem verärgert. Am 12. September 2001 schrieb er einen Brief an den Leiter des Finanzamtes Frankfurt V:

»... Ferner weise ich darauf hin, dass die Beurteilung eines Anfangsverdachtes und der Verjährungsfrage in den beschriebenen Verfahren allein auf der Ebene des Ermittlungsverfahrens durch die Staatsanwaltschaft erfolgt. ...«

Eine schallende Ohrfeige, die aber offenbar keinem wehtat. Die Rolle der Steuerfahndung im Dickicht der Behörden ist gleichsam undurchsichtig und recht vage definiert. Zum einen arbeiteten die Fahnder als Ermittler für die Staatsanwaltschaft, zum anderen waren sie selbstverständlich als Teil des Finanzamtes ihrer Behördenleitung, der Oberfinanzdirektion und letztlich auch dem Finanzministerium unterstellt. In der behördlichen Hierarchieleiter traf man also schon sehr früh auf Politiker, oder zumindest der Politik sehr nahestehende Beamte, deren Karriere allein von der Politik geplant wurde. Das konnte man durchaus hinterfragen, wenn man es denn wollte …

Wer nun schlussendlich diese Anweisung diktiert oder womöglich sogar selbst geschrieben hatte, was ich in den Positionen, in denen ich die Urheberschaft vermute, fast ausschließen würde, – wir werden es wohl nicht aufklären können. Die offizielle Begründung für die Anweisung lautete: Personalnot und Rationalisierung. Die Bankenermittlungen hätten zu viel Manpower gefordert, andere Fälle seien deswegen liegen geblieben. Das konnte man glauben, wenn man denn wollte.

Das Protokoll

Aus dem Protokoll einer Sachgebietsbesprechung vom 1. November 2001 war allerdings zu entnehmen, dass die Amtsanweisung möglicherweise doch von ganz oben diktiert worden sein könnte. In der Besprechung, an der auch der Amtsleiter des Finanzamtes Frankfurt am Main V teilgenommen hatte, wurden von den anwesenden Fahndern – so ist es in dem Protokoll nachzulesen – ein weiteres Mal Bedenken gegen die beschleunigte Abwicklung der

Bankenverfahren vorgetragen. Der Amtsvorsteher, ein Leitender Regierungsdirektor, soll dazu erklärt haben:

» ... dass sowohl von der Abteilungsleiterebene der OFD (Oberfinanzdirektion) als auch vom HMdF (Hessisches Ministerium der Finanzen) erheblicher Druck auf das Finanzamt Frankfurt am Main V ausgeübt werde, die Banken- und Anlegerverfahren – wie auch immer – zum Abschluss zu bringen. Das Finanzamt Frankfurt am Main V steht im Blickfeld der vorgesetzten Behörden, und es müsse alles personell und organisatorisch Mögliche getan werden, hier eine schnellstmögliche Lösung zu finden.«

Den »erheblichen Druck« von oben versuchte später ein Parlamentarischer Untersuchungsausschuss des Hessischen Landtags aufzuklären. Wohl bemerkt: Er versuchte! Und dabei blieb es dann leider auch.

Der Journalist und Buchautor Hajo Schumacher schrieb in seinem Buch »Roland Koch. Verehrt und verachtet« (2004):

»Kochs uneingeschränkte Solidarität mit der Ökonomie, die dem Wähler ebenso verdächtig sein sollte wie eine große Gewerkschaftsnähe, sorgt bei manchen Wirtschaftsbossen für große Sympathie. Kaum ein Politiker in Deutschland hat einen so mächtigen Freundeskreis wie die Runde ›Wirtschaft für Koch‹. Anführer sind Commerzbankchef Müller und Nikolaus Schweikart, Vorstandsvorsitzender des Chemie-Multis Altana, ein Unternehmen der Quandt-Familie. ... Dieser Kreis umfasst 40 Bosse, meist aus der Frankfurter Geldwirtschaft, aus der Chemie und aus der Lebensmittelbranche. ... Man trifft sich mehrmals im Jahr, Koch lässt kein Treffen aus.«

Ob die von den Durchsuchungen durch die Frankfurter Steuer-fahndung betroffenen Bankvorstände sich diesbezüglich nicht auch mit dem damaligen Ministerpräsidenten besprochen haben, wissen nur die beteiligten Personen selbst zu beantworten. Man würde so etwas selbstverständlich nie behaupten wollen.

Für uns stellte sich in den Tagen damals auch die Frage, wie sinnvoll es ist, dass die Steuerfahndungsstellen der Hoheit der einzelnen Bundesländer oblagen. Obwohl mir Politik eigentlich fern liegt, konnte ich mich in die Perspektive eines Landespoliti-kers einfühlen und fast schon Verständnis dafür aufbringen, dass er mit der aktuellen Situation nicht zufrieden war: Im Grunde verschwand jeder Euro, der von der hessischen Steuerfahndung ermittelt und zur Nachzahlung gebracht wurde, über den Län-derfinanzausgleich in einem anderen Bundesland. Warum also sollte sich ein hessischer, ein bayerischer oder baden-württember-gischer Finanzminister ernsthaft mit den »besten« Steuerzahlern des Landes anlegen – selbst, wenn es sich hierbei mitunter um die versiertesten Steuerhinterzieher handelte? Am Ende versickerte die durch viel Unbill und Ärger in Hessen erbrachte Mehrsteuer in einem anderen Bundesland und gefährdete möglicherweise so-gar den Bankenstandort Frankfurt.

Es hätte eine einfache Lösung für diesen Missstand geben kön-nen: eine Bundessteuerfahndung, zentral in Berlin verwaltet, mit Außenstellen in den jeweiligen Bundesländern. Die Mehrsteuer wäre an den Bund gefallen und einigermaßen unabhängig von politischen Verstrickungen und lobbyistischen Verpflichtungen zu betrachten.

So aber waren die sogenannten Geberländer wie Hessen, Ba-den-Württemberg oder Bayern in der Pflicht: Die Finanzminis-terien mussten Fahndungsstellen unterhalten, Beamtengehälter bezahlen und sich den Unmut vieler einflussreicher Steuersünder anhören. Von der eingebrachten Mehrsteuer indes sahen diese Länderfinanzminister vielfach keinen Cent. Aber, das war Politik, und die setzte eben andere Prioritäten. Manchmal leider solche, die mir höchst schleierhaft vorkamen oder die – wie man im Süden der Republik sagt – ein »Gschmäckle« hatten.

Doch wieder zurück: Der erste namhafte Kritiker, der Oberregierungsrat Gerhard S., war also rasch beiseite geräumt – an ihm wurde gleichsam ein Exempel statuiert. »Friendly Fire« würde das in der modernen Kriegsnomenklatur wohl heißen. Zum Leidwesen der Behördenleitung verstummten jedoch die kritischen Stimmen aus der Steuerfahndung zu der umstrittenen Amtsverfügung nach der Verbannung von Gerhard S. noch immer nicht. Weitere Steuerfahnder meldeten sich zu Wort, unter ihnen Rudolf Schmenger, mein langjähriger Partner in unzähligen Steuerstrafverfahren.

Zunächst einmal hatten die Kollegen Rudolf Schmenger und Marco Wehner mit mir zusammen am 25. Oktober 2001 eine Dienstreise nach Bochum angetreten. Wir hatten ein Treffen mit Margrit Lichtinghagen, der Staatsanwältin, die im Februar 2008 ins Rampenlicht rückte, weil sie den damaligen Chef der Deutschen Post AG, Klaus Zumwinkel, wegen des Verdachts der Steuerhinterziehung verhaften ließ. Im Oktober 2001 ging es uns um die sogenannte Batliner-CD, die von der engagierten Juristin und den Steuerfahndungsstellen in Bochum und Düsseldorf ausgewertet wurde. Unser Ziel war zu jener Zeit ein Abgleich mit Frankfurter Bankenfällen, bei denen man im Laufe der Ermittlungen auch auf Verbindungen nach Liechtenstein gestoßen war. In dem Gespräch mit der Staatsanwältin kamen wir überein, die Batliner-CD mit Informationen über Steuerhinterzieher aus der gesamten Republik auf unsere Frankfurter Fälle hin abzugleichen.

Die Zusammenarbeit kam jedoch leider nicht zustande, da diese Kooperation wenig später von einem Vorgesetzten im Frankfurter Finanzamt untersagt wurde. Wie sich später noch herausstellen sollte, wurde unter anderem dieses dienstliche Treffen Gegenstand einer disziplinarischen Ermittlung gegen den Amtsrat Rudolf Schmenger.

Aber so weit war es zu jenem Zeitpunkt noch nicht. Der Steuerfahnder Schmenger erhielt zunächst – nur sechs Tage nach seiner Unterredung mit der Staatsanwältin Lichtinghagen – zum ersten Mal in seiner langjährigen Karriere eine negative dienstliche Beurteilung ausgehändigt. Der Mann, der bis dahin durch seine hervorragenden Qualitäten als Steuerfahnder aufgefallen war, entwickelte sich in den Augen seiner Vorgesetzten – gleichsam über Nacht – zu einem schlechten Beamten. Eigentlich konnte man sich denken, was hinter diesem Warnschuss steckte. Nur keiner konnte ahnen, was noch alles folgen würde.

Im Mai 2002 bekam das Commerzbankteam eine neue Sachgebietsleiterin – der ehemalige Koordinator Gerhard S. sah sich ja zwangsweise in Darmstadt vor größere Herausforderungen gestellt: im Bereich Veranlagung Einkommensteuer. Für einen Mann, der Untersuchungen gegen deutsche Großbanken geleitet hatte, eine beispiellose Demütigung.

Die neue Sachgebietsleiterin untersagte ihren Steuerfahndern zunächst, ohne ihre Einwilligung mit Staatsanwälten zu sprechen. Amtsrat Schmenger, zu jener Zeit Anfang 40 und seit fast 25 Jahren im Dienst als Beamter – davon elf Jahre bei der Frankfurter Steuerfahndung, mag diese Anweisung zur Kenntnis genommen haben, er wusste aber auch, dass sie in der Praxis nicht umzusetzen war. Was hätte ein Steuerfahnder, der an der Seite eines Staatsanwaltes eine Durchsuchung erledigte, vor Ort tun sollen? Sich die Ohren zuhalten, wenn ihn ein Staatsanwalt – der Ermittlungsleiter! – angesprochen hätte? Ihm eine Antwort verweigern? Wäre nicht schon der bloße Hinweis, dass er nicht befugt ist, mit dem Anklagevertreter zu sprechen, ein Verstoß gegen diese Anordnung gewesen? Eine absurde Situation.

Der Steuerfahnder Schmenger hatte sich – wie die meisten seiner Kollegen – noch immer nicht von der ominösen Amtsverfügung 2001/18 erholt. Einem korrekten Beamten wie ihm bereitete es Sorge, dass er mit dieser Amtsverfügung möglicherweise zu einer Strafvereitelung im Amt genötigt wurde. Rudolf Schmenger verrichtete seinen Job nach Maßstäben, die eine Demokratie ihren Beamten vorgab. Er glaubte daran, der Steuergerechtigkeit zu dienen und dadurch seinem Staat gewissermaßen dabei zu helfen, über die ihm nach dem Gesetz zustehenden notwendigen Mittel zu verfügen.

Im Jahr 2008 schätzte Dieter Ondracek, Chef der Deutschen Steuergewerkschaft, dass in der Bundesrepublik pro Jahr etwa 30 Milliarden Euro Steuern in betrügerischer Absicht hinterzogen werden. Ein Steuerfahnder »erwirtschaftete« jährlich im statistischen Durchschnitt 1 Million Euro an Mehrsteuern, und machte seine Gehaltskosten somit mehr als wieder gut. Nachdem ab den 90er-Jahren im verstärkten Maß Banken, Konzerne und auch Parteien ins Visier der Steuerfahndung geraten waren, verbesserte sich überdies das Ansehen der Fahnder in der breiten Öffentlichkeit. Die bundesdeutsche Bevölkerung nahm mit Wohlwollen zur Kenntnis, dass nicht nur der kleine Mann seine Steuern zahlen und mit Ermittlungen rechnen musste, sondern auch die Reichen, Prominenten – und die führenden Persönlichkeiten dieses Staates.

Und nun sollten Rudolf Schmenger und seine Kollegen plötzlich wieder zurückrudern und dem privilegierten Teil der Bevölkerung wieder jene Vorzugsbehandlung zuteilwerden lassen, die das Volk so sehr aufrührte. Denn eines war bei dieser ganzen Geschichte klar: Nicht der kleine Angestellte oder einfache Arbeiter schaffte seine Gelder in die Schweiz, nach Luxemburg oder gar Liechtenstein – es waren vornehmlich diejenigen, die es sich leisten konnten. Möglicherweise auch aufgrund ihrer guten Beziehungen oder eines effizienten Lobbyismus.

Das nächste Opfer

Der Amtsrat Rudolf Schmenger schien nach der Versetzung des kritischen und couragierten Bankenkoordinators der nächste in der Reihe zu sein. Es war ein schleichender Prozess. Von der neuen Sachgebietsleiterin wurde ihm vorgeworfen, dass er ineffizient arbeiten würde und zu viele offene Fälle auf Halde liegen habe. Rudolf Schmenger war maßgeblich daran beteiligt, dass es infolge der Bankenermittlungen zu etwa 60 000 Steuerstrafverfahren gekommen war – allein die Hälfte davon im Bundesland Hessen. Dabei konnte die Fahndung eine Mehrsteuer in Höhe von mehr als einer Milliarde Mark verbuchen. Zahlen, die seine neue Sachgebietsleiterin nur aus der Presse kannte. Aber der Mann war in ihren Augen nicht effizient – dafür jedoch ein kritischer Geist. Zu kritisch für eine Beamtin, die für sich selbst dezidierte Karrierepläne verfolgte.

Versierte Führungskräfte wissen in der Regel, mit welchen subtilen, mitunter perfiden Methoden unliebsame Mitarbeiter Schritt für Schritt mürbe gemacht werden können. Rudolf

Schmenger musste zusehen, wie ihm Fälle entzogen wurden, ihm wurde überdies mitgeteilt, dass er mit Kollegen nicht mehr über laufende Ermittlungen reden dürfe – mit Staatsanwälten sowieso nicht, und er bekam die bereits erwähnte negative schriftliche Beurteilung. Gegen dieses Zeugnis erhob der Amtsrat Schmenger schriftlich Einspruch – und bekam dann auch die »passende« Antwort.

Am 22. November 2002 erhielt er ein weiteres Schreiben: die Einleitung disziplinarischer Vorermittlungen:

»Sehr geehrter Herr Schmenger,

gegen Sie leite ich hiermit disziplinarrechtliche Vorermittlungen nach § 22 Hessische Disziplinarordnung (HDO) ein.

Ihnen wird vorgeworfen, durch folgende Handlungen Dienstvergehen begangen zu haben:

Vereinbarung/Wahrnehmung eines Termins am 19.11.2002 bei der Staatsanwaltschaft beim Landgericht Frankfurt am Main in einem Steuerstrafverfahren mit dem zuständigen Staatsanwalt R., ohne die zuständige SGLin Steufa [damit ist die Sachgebietsleiterin Steuerfahndung gemeint, Anm. d. Autoren] – vorher oder zumindest nachher – über den Termin sowie den Inhalt des Gesprächs zu informieren, entgegen einer ausdrücklichen Anordnung.

Erörterung eines Steuerstrafverfahrens eines anderen Steuerfahndungsbeamten mit dem zuständigen Staatsanwalt R. am 19.11.2002, ohne dass Ihnen der Fall überhaupt zugeschrieben worden ist.

Ausfüllen des Wochendienstplanes vom Sachgebiet XIX, ohne dass sich daraus die Veranlassung oder der Zweck Ihrer Abwesenheit ergibt.

Unentschuldigtes Fernbleiben vom Dienst am 21.11.2002 von 07.30 Uhr bis 08.25 Uhr. ...«

Es wurde etwas gesucht und man glaubte in der Behörde, auch etwas gegen den Amtsrat Schmenger gefunden zu haben. Aber was war überhaupt geschehen?

Im Sommer 2002 liefen steuerstrafrechtliche Ermittlungen gegen ein namhaftes Frankfurter Unternehmen, eine Durchsuchung war bereits erfolgt. Der Fall gestaltete sich als kompliziert, und in den Wochen zuvor war es schon mehrfach zu Gesprächen zwischen der Staatsanwaltschaft und den Anwälten des Beschuldigten gekommen. Der Fall lag bei Marco Wehner, einem jungen Kollegen, den der erfahrene Steuerfahnder Rudolf Schmenger ausgebildet hatte. Wehner, der den vorliegenden Fall selbstverständlich auch mit seinem »Ausbilder« Schmenger durchgesprochen hatte, kam – wie andere Kollegen auch – zu dem Ergebnis, dass man gegen den Frankfurter Großunternehmer wohl nichts weiter unternehmen könne, da aus seiner Sicht die vorgeworfenen Hinterziehungen bereits verjährt waren.

Auf diese Problematik wurde Rudolf Schmenger auch von dem Staatsanwalt angesprochen, mit dem er – wie es in der disziplinarrechtlichen Vorermittlung zu lesen war – nicht hätte sprechen dürfen. Schmenger aber verwies den Staatsanwalt bei dieser Unterhaltung tatsächlich an seinen Kollegen Wehner und konnte den Vorwurf aus dem Schreiben so auch entkräften.

Was jedoch viel schwerer wog: Die Sachgebietsleiterin teilte die Auffassung Wehners nicht, dass die untersuchten Hinterziehungen verjährt waren und untersagte dem Kollegen Wehner fortan, über diesen Fall mit anderen Fahndern zu sprechen. Und: Sie verbot ihm, den Staatsanwalt auf die mutmaßliche Verjährung hinzuweisen.

Es war nun nicht gerade so, dass Steuerfahnder von einem blindwütigen Aufklärungsbegehren besessen waren, aber – man konnte das nun als übereifriges Beamtentum belächeln – wir waren bei der Aufklärung von Steuerhinterziehungen stets bemüht, die Angelegenheiten absolut korrekt und sportlich anzugehen. Und wenn – wie in dem Fall des Großunternehmers – eben herauskam, dass die Geschehnisse leider verjährt waren: Pech! So war das nun mal in einem sportlichen Wettkampf. Wenn man auf dem Platz nicht gewinnen konnte, sollte man es nicht nachträglich am grünen Tisch versuchen. Fairplay, auch wenn es – wie in diesem Fall – am Ende nur an den Verjährungsfristen scheiterte.

So dachte auch Marco Wehner. Nur, er durfte nicht. Das eingeleitete Verfahren wurde – trotz Verjährung – gegen Zahlung einer hohen Auflage, die der Unternehmer zu begleichen hatte, eingestellt. Keinem, weder dem Staatsanwalt noch dem Richter oder den Verteidigern, war aufgefallen, dass etwas geahndet wurde, was aufgrund der Verjährung nicht hätte verfolgt werden dürfen. Und Marco Wehner musste schweigen. Das Unternehmen musste im Sommer 2006 schließlich Insolvenz anmelden – unter Umständen, nachdem durch die Untersuchungen und Anschuldigungen einige Bankhäuser ihre Kreditlinien für das Unternehmen gestrichen hatten. Vielleicht wäre das Unternehmen auch ohne dieses Verfahren dem Tod geweiht gewesen – man wird es nicht mehr prüfen können. Aber eines war klar: Das war schmutzig und – vorsichtig ausgedrückt – am Rande der Legalität.

Doch zurück zu Rudolf Schmenger: Sein Rechtsbeistand bezog Stellung gegen die disziplinarrechtlichen Vorermittlungen. Die für Außenstehende geradezu lächerlich wirkenden Vorwürfe waren vergleichsweise einfach zu entkräften. Die Gespräche mit dem Staatsanwalt erfüllten natürlich nicht den Tatbestand eines Dienstvergehens, das Ausfüllen des Wochenplans war in einem Kästchen mit – wie der Verteidiger Schmengers nachgemessen hatte – 1,2 x 2,7 Zentimetern Größe kaum in epischer Breite möglich und sein angeblich 55-minütiges Fernbleiben vom Dienst konnte durch einen beweisbaren Außeneinsatz erklärt werden. Der Widerspruch gegen das disziplinarrechtliche Schreiben schien die Behörde in Zugzwang zu bringen.

Von langer Hand

Was Schmenger zu diesem Zeitpunkt noch nicht wusste: Der Vorsteher des Finanzamtes Frankfurt am Main V wandte sich bereits am 11. November 2002 – also elf Tage, bevor der Beamte disziplinarrechtlich belangt wurde, und zehn Tage, bevor er angeblich für 55 Minuten unentschuldigt gefehlt hatte, in einem Brief an die Oberfinanzdirektion. Der Inhalt dieses Schreibens war brisant:

»Die personell schwierige Situation in der Steufa meines Amtes sind ebenso bekannt wie die schwierige Situation der SGL/in [Sachgebietsleiterin] Steufa und des HSGL [Hauptsachgebietsleiter) Steufa hinsichtlich der Durchsetzung ihrer und meiner Dienst- und Fachaufsicht ...

Die Verwaltung muss daher in der Personalangelegenheit Schmenger ... eine Lösung finden, die der engagierten SGL/in Steufa, dem HSGL Steufa und mir als Finanzvorsteher den Rücken stärkt. Außerdem sollten die von einer zu findenden Lösung ausgehenden Signale in den Bereich der Fahnder/innen nicht unterschätzt werden. ...«

Übersetzt hieß das: An Rudolf Schmenger musste dringend ein Exempel statuiert werden. Und zwar eines, das die Vorgesetzten in ihrer Autorität stärken und dem Rest der Steuerfahndung ganz klar vor Augen führen sollte: Ihr verhaltet euch schön brav und ruhig, ansonsten ergeht es euch wie dem Kollegen S.! Der zweite Zug in dem behördlichen Personalschachspiel wurde also vorab in der Hierarchieleiter nach oben hin abgesichert, das nächste Bauernopfer war gefunden: der Steuerfahnder AR Rudolf Schmenger. Und seine Hinrichtung wurde beschlossen, bevor er sich überhaupt eines angeblichen Vergehens schuldig gemacht hat. Es gab schon weniger deutliche Fälle, in denen von einem Skandal gesprochen wurde.

Rudolf Schmenger, der sich gegen diese disziplinarrechtliche Maßnahme naturgemäß gewehrt hatte, wurde zum 31. März 2003 in die Konzernprüfungsabteilung versetzt. Seine Ausbildung zum Steuerfahnder hat sieben Jahre gedauert – ihn wieder abzusägen nur wenige Wochen. In der Großbetriebsprüfung wurden ihm nur sogenannte »Nullfälle« zur Bearbeitung übertragen, also Fälle, bei denen das Ergebnis schon vor der eigentlichen Prüfung feststand: keine Mehrsteuer. Die Versetzung des Amtsrates Schmenger sollte zunächst eine vorübergehende Maßnahme sein, zum 1. Oktober wurde er dann jedoch endgültig und abschließend aus der Steuerfahndung entfernt. Türschilder wurden dann gewechselt und der Netzzugang zu seinen elektronisch gespeicherten Daten gesperrt. Rudolf Schmenger hatte sich unter anderem gegen die Amtsverfügung 2001/18 gewandt und musste dafür mit seiner Stelle bezahlen – Friendly Fire, Teil 2.

Die Tatsache, dass dem Steuerfahnder Schmenger zu jener Zeit bereits gesundheitliche Probleme zu schaffen machten – ein angeborenes Nierenleiden verschlimmerte sich in der Phase der behördlichen Zumutungen beträchtlich –, beeinflusste die beteiligten Personen offenkundig nicht in ihrer Personalentscheidung. Der Mann wurde zusehends kränker – oder womöglich sogar krank gemacht.

Auch andere Kollegen traf es. Die federführende Sachbearbeiterin, die die Ermittlungen gegen die Hertie-Stiftung geführt hatte, wurde gegen ihren Willen versetzt. Der Sachgebietsleiter des Hertie-Teams und stellvertretender Personalratsvorsitzende Dr. Torsten Kimpel, bei den Fahndern der beliebteste Sachgebietsleiter, wurde vom Vorsteher des Finanzamtes in die Konzernprüfung verlegt.

Der Bankkoordinator weg, der Fahnder Schmenger aus dem Bankenteam ebenfalls verbannt – in der Steuerfahndung Frankfurt regte sich in wachsendem Maße Widerstand. Was in den zurückliegenden Monaten geschehen war, ließ sich kaum noch mit üblichen Umstrukturierungsmaßnahmen oder herkömmlichen Karriereschritten verkaufen. Ein Klima der Angst machte sich in der Behörde breit. War das alles nur ein dummer Zufall? Las man Dinge in diese Versetzungen hinein, die vielleicht doch gänzlich unverdächtig waren? Handelten hier wild gewordene Führungskräfte oder zog jemand im Ministerium die Strippen? Wen würde es als Nächsten treffen? Und wie sollte man sich künftig verhalten? Ducken, Dienst nach Vorschrift? Oder am Ende gar aufbegehren?

Fast eine Gemeinschaft

Am 9. April 2003 trafen sich etwa 70 Mitarbeiter der Steuerfahndung nach Dienstschluss in der Hessischen Landessport-
schule zu einem Informationsaustausch. Zu viele kleine und
große Geschichten und Gerüchte kursierten zu jener Zeit durch
die Gänge. Es schien an der Zeit zu sein, die komplette Abteilung auf einen gemeinsamen Wissensstand zu bringen – und
möglicherweise gemeinsam etwas zu unternehmen. Ein ergie-
biger, produktiver Abend, an dessen Ende, nach drei Stunden
Diskussion, beschlossen wurde, alles, was gesammelt werden
konnte, zu dokumentieren und in einem Schreiben – auf dem
Dienstweg – an den Ministerpräsidenten Roland Koch und
Finanzminister Karlheinz Weimar zusammenzufassen. Jeder
Fahnder gab 50 Euro in eine Kasse, die man dazu verwenden
wollte, das Schreiben an die Landesregierung anwaltlich prüfen
und überarbeiten zu lassen. Endlich passierte also etwas – so
schien es.

Es wurde ein sachlicher, aber in einigen Teilen auch persön-
licher, gleichsam verzweifelter Hilferuf an den konservativen
Landesvater. Die Steuerfahnder glaubten und hofften, in dem Politiker, der einer Partei angehörte, die in ihren Grundprinzipien
Law and Order festgeschrieben hatte, möglicherweise so etwas
wie Aufgeschlossenheit gegenüber ihrem Anliegen vorzufinden.
Allein der Appell:

*» Wir sind Steuerfahnder und Steuerfahndungshelfer des Finanz-
amtes Frankfurt V und wenden uns an Sie, weil wir begründeten
Anlass zu der Sorge haben, dass die Steuerfahndung Frankfurt
am Main ihren Aufgaben nicht mehr gerecht werden kann, weil*

Steuerhinterzieher nicht in dem gebotenen Maße verfolgt werden können.«

Der Personalrat trat nun auch auf den Plan. In einem öffentlichen Brief – »stellvertretend für alle Beschäftigten des Hauses« – an den Vorsteher des Finanzamtes Frankfurt am Main V vom 26. Mai 2003 steht zu lesen:

»... In unseren Arbeitsbereichen BuStra [Bußgeld- und Strafsachenstelle], Steufa und GBp [Großbetriebsprüfung] haben wir einen besonderen Dienstauftrag zu erfüllen und müssen tagtäglich – mehr als in jedem anderen Finanzamt – fachlich qualifiziert, eigenverantwortlich und auf uns gestellt Entscheidungen mit meist erheblicher Auswirkung treffen. Dabei sehen wir uns überwiegend einer hochkarätig besetzten ›Gegenseite‹ gegenüber. ...

Wichtigste Grundlage für eine erfolgreiche Zusammenarbeit ist gegenseitiges Vertrauen. Dazu gehört, dass wir als verantwortungsbewusste erwachsene Menschen anerkannt werden und dass man uns den Freiraum lässt, in Eigeninitiative unserer Tätigkeit nachzugehen. Außerdem brauchen wir Vorgesetzte, die sich mit uns, unserer Arbeit und auch unserem Amt identifizieren. ...

Die Ereignisse in jüngster Vergangenheit haben uns das Gefühl gegeben, dass in unserem Amt nicht immer danach gehandelt wurde. Übertriebene Kontrollmaßnahmen, welche in den verschiedensten Bereichen veranlasst wurden, zeugen von gesteigertem Misstrauen uns gegenüber und erschweren die tägliche Arbeit erheblich – und wie wir meinen, auch unnötig. Umfangreiche

Verfügungen, die allgemein regeln, was allein Einzelfälle betrifft, stoßen ebenfalls auf großes Unverständnis und werden von uns als eher kontraproduktiv empfunden.

Dies alles trägt dazu bei, dass die Stimmung in unserem Amt bedrückend schlecht ist. ...«

Ein Brief, der einem deutschen Beamten in der Seele wehtun musste – zumal, wenn er eine Behörde zu leiten hatte. *»Wir brauchen Vorgesetzte, die sich mit uns, unserer Arbeit und auch unserem Amt identifizieren.«*

Ende Juni 2003 lag das Schreiben an Ministerpräsident Roland Koch zur Unterschrift im Finanzamt Frankfurt V bereit, und innerhalb kürzester Zeit hatten schon 48 Mitarbeiter der Behörde das Schreiben unterzeichnet. Wir waren anfänglich überrascht, wie unproblematisch die Unterschriftenaktion angelaufen war, schließlich war es nicht als selbstverständlich anzusehen, dass deutsche Beamten geschlossen und vor allem entschlossen gegen ihre Führung aufbegehrten. In Frankfurt schien sich etwas anzubahnen, was in dem Ausmaß und in der Tragweite im bundesrepublikanischen Beamtentum noch nicht häufig vorgekommen war. Bis die Aktion plötzlich ins Stocken geriet.

Ein komplettes Sachgebiet verweigerte plötzlich die Unterschrift. Das hieß, die Amtsleitung musste von dem Brandbrief an Roland Koch erfahren haben – und selbstverständlich dagegen vorgehen. Das war bitter, auch wenn uns vorher natürlich klar war, dass die Sache in einer Behörde nicht unentdeckt bleiben konnte. Wenn 70 Menschen an einer Aktion wie dieser beteiligt sind, konnte man davon ausgehen, dass nicht jeder Beteiligte seine Verschwiegenheit bewahrte.

Es war schon merkwürdig, dass die ersten 48 Unterschriften gleichsam im Vorbeigehen gesammelt werden konnten, bis es plötzlich stagnierte. Wie die Amtsführung letztlich Druck auf die Mitarbeiter ausgeübt hatte, konnte nie vollständig geklärt werden, aber mit einem Mal sahen wir uns den unterschiedlichsten Gegenargumenten ausgesetzt: Man müsse doch auf die Kinder Rücksicht nehmen, das neu gebaute Haus sei längst noch nicht abbezahlt, und – was neu war – die ersten Mitarbeiter waren mit einem Mal mit einzelnen Passagen dieses Schreibens nicht mehr einverstanden.

Nun geschah, was in der Vergangenheit wohl schon vielen Demokraten die Luft zum Atmen geraubt haben mag: Die Solidarität, die noch im April die Steuerfahndung Frankfurt stark gemacht hatte, begann, erste Risse zu bekommen. Nachdem die ersten Fahnder ihre Unterschrift auf dem Brief an Roland Koch verweigert hatten, kamen plötzlich gestandene Steuerfahnder und teilten mit, dass sie ihren Namen wieder zurückziehen wollten. »Wenn die nicht unterschreiben, will ich das auch nicht mehr«, hieß es dann, und den Initiatoren dieses Aufbegehrens ging so plötzlich die anfängliche Substanz abhanden. Innerhalb kürzester Zeit schmolz die Liste der Unterzeichner von anfänglich 48 Unterschriften auf nur noch 15. Eine demokratische Erfahrung, die kein Schulbuch plastischer und eindringlicher würde darstellen können.

Und wir machten einen bedauerlichen Fehler. In der Annahme, die übrig gebliebenen 15 Unterzeichner – und da waren immerhin auch die in der Hierarchieleiter vergleichsweise niedrig stehenden Fahndungshelfer dabei – würden aufgrund der niedrigen Anzahl womöglich Konsequenzen ertragen müssen, zogen wir das Schreiben zurück. Hätten tatsächlich 40, 50 oder gar alle 70

Mitarbeiter den Brief an den Ministerpräsidenten unterzeichnet, wären durch die komplette Solidarität mutmaßlich negative berufliche Konsequenzen ausgeblieben; aber so glaubten wir, die wenigen Unterzeichner in ihrer Existenz zu gefährden, was aus heutiger Sicht wohl ein Irrtum war, denn fast alle, die am Ende noch auf dem Schreiben zu finden waren, das nie abgeschickt wurde, sahen sich bald mit Versetzungen, Schikanen und Mobbing konfrontiert. Aber das wussten wir zu dem Zeitpunkt noch nicht.

Um diese traurige Angelegenheit zu einem schnellen Ende zu bringen, wurde der Brief für alle ehemals Beteiligten kopiert und als Erinnerungsstück für vermeintlich couragiertere Tage an alle verteilt – was sich auch als Fehler erweisen sollte. Obwohl die Mehrheit aller Mitarbeiter ihre Unterschrift verweigert hatte, fühlten sich einige offenbar bemüßigt, den Brief an die Öffentlichkeit gelangen zu lassen. Nur Stunden später, nachdem der Brief an alle verteilt worden war, stand er schon im Internet.

In diesen Tagen zerbrach eine einst starke, mutige und erfolgreiche Steuerfahndungsstelle in ihre Bestandteile. Eine bis dahin geschlossene, schlagkräftige Truppe war mit einem Mal zerfressen von Misstrauen, Argwohn und gegenseitigen Schuldzuweisungen. Wer war nun der Judas in dieser Behörde? Wer spielte das Schreiben der Amtsleitung zu? Wer ließ sich wie und vom wem beeinflussen? Wer behauptete, das Schreiben ganz ohne Druck von oben abgelehnt zu haben? Von wem ging der Todesstoß aus? Von dem Sachgebiet, das sich vollständig verweigert hatte, oder von all jenen, die ihre Unterschrift wieder zurückgezogen hatten?

Intrigen, Gerüchte, Getuschel, bis dahin für unmöglich gehaltene Fraternisierungen, Anfeindungen – die Steuerfahndung Frankfurt offenbarte wie in einem Zeitraffer fast alle Abgründe der menschlichen Gesellschaft. Manch einem wurde plötzlich klar, wie das Gros der Deutschen im Dritten Reich gleichgültig und bisweilen engagiert mitmarschieren konnte, andere waren nur noch von ihrem Frust und den persönlichen Enttäuschungen gelähmt. Im Grunde war dies das Ende der Steuerfahndung Frankfurt am Main V. Obwohl der offizielle Todesstoß erst noch folgen sollte ...

Endgültig weg

Rudolf Schmenger erfuhr am 31. Juli 2003, nur einen Tag vor seinem 25. Dienstjubiläum, von seiner endgültigen Versetzung. In der Steuerfahndung machte sich wieder Niedergeschlagenheit breit. Der nächste Fahnder, der nicht zurückkehren sollte. Und erneut trafen es einen außerordentlich guten.

Da ich im Jahr 1991 mit gerade einmal 42 Jahren einen Herzinfarkt erlitten hatte, galt ich fortan zu 70 Prozent als schwerbehindert. Nicht, dass man nachdenklich genug wird, wenn man in jungen Jahren einen Infarkt bekommt, man erhält fortan auch noch den Stempel einer Behinderung. Im Alltag hatte dies keine Auswirkungen, ich verrichtete meinen Dienst wie jeder gesunde Beamte auch, nur hatte ich eben diesen Eintrag in meiner Akte.

Mitte der 90er-Jahre ließ ich mich dann dazu überreden, ehrenamtlich die Rolle des Schwerbehindertenvertreters zu übernehmen, was ich anfänglich zunächst für keine gute Idee hielt, weil doch die Geschichten und Mythen, die sich auch in der Behörde um die eiskalten und knallharten Steuerfahnder rankten, kaum mit der Rolle eines verständnisvollen Schwerbehindertenvertreters in Einklang zu bringen waren. Aber, es waren eben nur Mythen, und Fahnder waren durchaus von menschlicher Natur. In der offiziellen Behördensprache hieß die Rolle »Vertrauensperson der schwerbehinderten Verwaltungsangehörigen bei dem Finanzamt Frankfurt am Main V«, und als solcher sah ich mich verpflichtet, in der Sache Rudolf Schmenger schlichtend und vermittelnd einzugreifen, denn er galt aufgrund seines schweren Nierenleidens ebenso zu 70 Prozent als schwerbehindert. Und das hatte die Behördenleitung offenbar übersehen.

Nach einem Erlass und dem Sozialgesetzbuch war die Versetzung eines schwerbehinderten Beschäftigten mit größeren Schwierigkeiten verbunden als bei sogenannten »gesunden« Mitarbeitern. In jedem Fall war laut Gesetz der Arbeitgeber dazu verpflichtet, in diesen Fällen die Schwerbehindertenvertretung mit in die Entscheidungen einzubeziehen. Das war bei der Versetzung von Rudolf Schmenger aus der Steuerfahndung nicht geschehen.

Von der Einleitung disziplinarrechtlicher Vorermittlungen gegen den Amtsrat Schmenger war nach seiner Gegenwehr nicht mehr viel übrig geblieben. Vier der fünf Vorwürfe wurden schnell wieder fallen gelassen, am Ende blieb nur die Sache mit dem angeblich nicht ordentlich ausgefüllten Wochenplan, was schließlich zu einer sogenannten »Missbilligung« durch den Vorsteher des Finanzamtes führte. Gleichwohl, die Sanktionen blieben – der Mann wurde nach seiner vorläufigen Versetzung endgültig aus der Steuerfahndung entfernt.

Am 6. Oktober 2003 wies ich den Vorsteher in meiner Eigenschaft als Schwerbehindertenvertreter auf die Versäumnisse des Amtes hin und regte in einem dreiseitigen Brief die »Zurückversetzung des schwerbehinderten Bediensteten in die Steuerfahndungsstelle« an.

Seit der »Spiegel« im August unter der Überschrift »Amnestie durch die Hintertür« auch über die hausinternen Auswirkungen der umstrittenen Amtsverfügung berichtet hatte, war die Stimmungslage im Amt auf einem vorläufigen Tiefpunkt angelangt. In dem Artikel war zu lesen:

»Es geht den Ermittlern um dreistellige Millionenbeträge, die dem Fiskus durch die Lappen gegangen sein sollen – und um viele tausend mutmaßliche Steuerhinterzieher, die ungeschoren davonkommen werden. Denn mit einer internen Dienstanweisung haben hessische Spitzenbeamte in Abstimmung mit der Regierung Koch ihre Fahnder an die Kette gelegt. Und wer von den Ermittlern aufmuckt, wird seither kaltgestellt. ...

Auch drei Konten einer Privatbank, über die nach Angaben von Fahndern Prominente Transfers abgewickelt haben sollen, wurden nicht mehr erfasst und ausgewertet. ›Da liegt das Beweismaterial vor, und der Fiskus wirft es auf den Müll‹, schimpft ein Staatsanwalt.«

Und der »Spiegel« berichtet weiter:

»Vergangene Woche stellte die Oberfinanzdirektion Frankfurt dann eine ›Neustrukturierung der Finanzämter‹ im Rhein/Main-Gebiet vor. Und wenn auch die Verantwortlichen jedweden Zusammenhang leugnen, gibt es einen unschönen Nebeneffekt für die rebellischen Ermittler: Die Frankfurter Steuerfahndung wird teilweise zerschlagen, und Beschäftigte werden auf andere Dienststellen verteilt.«

Diese Maßnahme stand also auch noch an. Spätestens nach diesem Bericht war das Klima im Finanzamt Frankfurt V vollkommen vergiftet. Nun wurde es schmutzig.

Die Umstrukturierung besagte, dass die Steuerfahndung Frankfurt mit ihren etwa 70 Stellen gesprengt werden sollte. Ein Teil der Ermittler sollte nach Wiesbaden, ein anderer Teil nach Offenbach versetzt werden, ein Rest von rund 40 Beamten sollte in Frankfurt bleiben dürfen. Hierfür sollten wir jedoch zum 1. Januar 2004 vom Amt V zu Amt I wechseln, was nicht viel mehr als der Umzug in ein anderes Gebäude bedeutete. Ich selbst wusste schon frühzeitig, welche Zimmernummer ich in Amt I bekommen würde, und machte mir über den Ortswechsel zunächst keine weiteren Gedanken.

Der öffentliche Druck auf das Frankfurter Finanzamt nahm nach einem weiteren »Spiegel«-Artikel im September 2003 zu. Auf den ersten Bericht des Magazins mit dem Titel »Amnestie durch die Hintertür« war im Hessischen Landtag von den Oppositionsparteien SPD und Grüne eine außerplanmäßige Sitzung einberufen worden, in der sich Finanzminister Karlheinz Weimar zu verantworten hatte. »Dummes Zeug«, hielt der Staatsminister den Abgeordneten entgegen. In dem Bericht »Oase Frankfurt« warf das Hamburger Magazin dann dem hessischen Finanzminister vor, die Unwahrheit gesagt zu haben, und stellte am Ende des Artikels eine interessante Rechnung auf:

»... Schließlich sind durch die Verfahren gegen Banken, die ihren Kunden beim Transfer geholfen hatten, bis 2002 allein in Hessen 595 Millionen Euro Steuernachzahlungen zusammengekommen. Was der Minister freilich verschwieg: Seit der Knebelung der Steuerfahndung durch die Verfügung 2001/18 waren es nach internen Berechnungen des Frankfurter Finanzamtes V gerade mal noch 13,8 Millionen Euro.«

Ob die Bedenken einiger kritischer Steuerfahnder tatsächlich so falsch waren?

Die Opposition im Hessischen Landtag erhob die Forderung nach einem Parlamentarischen Untersuchungsausschuss. In dem sollte geklärt werden, ob die Landesregierung durch die Amtsverfügung 2001/18 und aufgrund ihrer Personalpolitik die steuerrechtliche Verfolgung von Steuerhinterziehung vereitelt oder der »Vereitelung Vorschub geleistet hat«. Weiterhin wollte man prüfen, ob durch diese Verfügung im Zusammenhang mit den Bankenverfahren »dem Land Hessen ein finanzieller Schaden entstanden ist« und ob Finanzminister Weimar in einer Haushaltsausschusssitzung vom August 2003 die Abgeordneten »vollständig, umfassend und wahrheitsgemäß informiert hat«.

Auch wenn der Ausschuss später kläglich scheitern sollte – es brodelte zu jener Zeit von allen Seiten, und der große Knall lag eigentlich schon längst in der Luft.

Das Imperium schlägt zurück

Nur sechs Wochen, nachdem ich mich in meiner Eigenschaft als Schwerbehindertenvertreter in der Sache Schmenger an den Vorsteher des Finanzamtes Frankfurt V gewandt hatte, rollte der nächste Kopf. Es war meiner.

Einen Monat vor dem geplanten Umzug in das neue Dienstgebäude wurde am 1. Dezember 2003 zu einer Besprechung geladen. Dort wurde lapidar verkündet, dass elf Mitarbeiter nicht in das Amt I wechseln würden: der Oberamtsrat Frank Wehrheim und weitere zehn Kollegen – fast alle gehörten zu den letzten 15

Unterzeichnern des nicht verschickten Brandbriefes an den Ministerpräsidenten Roland Koch.

Eine Begründung für diese Versetzungen wurde auch schnell abgegeben. Es hieß, der Landesrechnungshof hätte kritisiert, dass es in Frankfurt zu viele offene Fälle von Steuerzahlern gäbe, die Rechtsmittel eingelegt hätten. Und diese müssten nun schleunigst von Experten abgearbeitet werden, die nach Auffassung des Ministeriums in der Steuerfahndung zu finden seien, dort gäbe es schließlich – nach der Amtsverfügung 2001/18 – genügend qualifizierte Arbeitskräfte. Auch einen Namen für diese neue Abteilung hatte man schon gefunden: »Servicestelle Recht«. Ein Mitglied des Personalrates wandte sich zu mir und sagte schlicht: »Das Imperium schlägt zurück!«

Die Führungsspitze des Finanzamtes hatte aus der Sicht vieler Steuerfahnder keine neue Abteilung geschaffen, sondern – wie einige munkelten – ein Straflager aufgebaut, das intern umgehend einen neuen Namen erhielt: Archipel Gulag. Um die 7000 sogenannte »Rechtsmittel« hätten sich im Laufe der Zeit in Frankfurt aufgestaut, die man fortan abarbeiten müsse, hieß es. Die Dringlichkeit dieser neuen Aufgabe wurde den in die Servicestelle versetzten Steuerfahndern dann auch schnell klar: Jeder bekam umgehend einen Fall zugewiesen, und dann kam über einen Zeitraum von mehreren Monaten nichts mehr nach.

In der »Servicestelle Recht« spielten sich fortan skurrile Szenen ab, die jede Amtskomödie mit ausreichend Filmstoff hätte versorgen können. In dem einen Zimmer saß eine hochqualifizierte ehemalige Steuerfahnderin, die Stimmübungen machte, weil sie in einem Gospelchor sang. Daneben saß ein Ex-Ermittler und sortierte seine alte Briefmarkensammlung oder beschäftigte sich mit langweiligen Computerspielen. Ich selbst hatte einen hochbrisanten Kirchensteuerfall zu bearbeiten, bei dem um 70 Euro gestritten wurde. Kurz: Diese Dienststelle entwickelte sich zu einer Geisterabteilung, in der gut ausgebildete Beamte mürbe gemacht werden sollten. Und während die Fahnder abgeschoben in der »Servicestelle Recht« vor sich hin dämmerten, mussten sie zu allem Überfluss auch noch erleben, dass ihre frei gewordenen Stellen in der Steuerfahndung neu ausgeschrieben worden waren.

Zwischenzeitlich erstritt sich der in die Konzernprüfung abgeschobene ehemalige Steuerfahnder Schmenger ein Urteil vor der Disziplinarkammer des Verwaltungsgerichts Frankfurt am Main. Schmenger hatte gegen die Missbilligung geklagt, die gegen ihn ausgesprochen wurde, nachdem aus der disziplinarrechtlichen Vorermittlung nur noch eines von fünf angeblichen Dienstvergehen übrig geblieben war. Zunächst hatte man dem kritischen Beamten einen kruden Deal vorgeschlagen: Er sollte die Missbilligung im Sinne seines weiteren Karriereverlaufs annehmen – schließlich habe man mit ihm als potenzielle Führungspersönlichkeit noch viel vor. Schmenger ließ sich auf diesen Kuhhandel nicht ein – und er bekam am 7. April 2004 recht: Die Missbilligung wurde aufgehoben, die Kosten des Verfahrens hatte der Dienstherr zu tragen.

Der Amtsrat Rudolf Schmenger beantragte daraufhin – er war schließlich von einem Verwaltungsgericht rehabilitiert worden – seine Rückversetzung in die Steuerfahndung – und erhielt eine Absage. Die Begründung der Oberfinanzdirektion Frankfurt am Main lautete:

» Wie Ihnen bekannt ist, werden offene Stellen ab der Besoldungsgruppe A 12 landesweit ausgeschrieben. Eine Versetzung

außerhalb einer Ausschreibung kommt daher grundsätzlich nicht in Betracht.«

Eines war nun spätestens in diesem Moment klar: Wer gegen die Verwaltung gewann, hatte am Ende verloren. Kaum einer konnte verstehen, was tatsächlich gespielt wurde und welche diffusen Mächte hinter all diesen fragwürdigen Personalentscheidungen standen. Worum ging es in dieser Sache eigentlich noch? Um Macht und Einfluss? Um verletzte Eitelkeiten? Oder gar um Politik?

Die in die Servicestelle Recht abservierten Kollegen bewarben sich auf ihre neu ausgeschriebenen ehemaligen Posten in der Steuerfahndungsstelle des Finanzamtes Frankfurt V – und wurden natürlich abgelehnt. Dieser Affront brachte im November 2004 – nach fast einem Jahr in der Amtsdiaspora – sechs der gemobbten Beamten so weit, dass sie sich in einer Petition an den Hessischen Landtag wandten. Das Schreiben wurde im Wesentlichen von dem ehemaligen Steuerfahnder Dieter Reimann verfasst, und auch ich zählte zu den Unterzeichnern dieses Briefs, der mit den Worten *» Wir, die Unterzeichner dieser Petition, sind allesamt Bedienstete der Hessischen Finanzverwaltung«* begann.

In dem Brief wurde in aller Deutlichkeit auf sämtliche Missstände – und als solche hatten wir sie empfunden – in unserer Behörde hingewiesen. Unter anderem stand in der Petition zu lesen:

»Es ist jedenfalls davon auszugehen, dass durch diese Entscheidung [in Bezug auf die vielen Versetzungen – Anm. d. Autoren] keine ›überzähligen‹ Steuerfahnder mit neuen Aufgaben betraut wurden, sondern diese Steuerfahnder dann bei der weiteren Wahrnehmung der Aufgaben der Steuerfahndung fehlen.

In dieser Auffassung werden wir auch von der Verwaltung selbst bestätigt, die noch nicht einmal vier Monate später genau diese von uns nicht mehr wahrgenommenen Steuerfahnderstellen ausgeschrieben hat. Die Ausschreibungen erfolgten dann jedoch derart, dass uns die Möglichkeit, uns auf diese Dienstposten zu bewerben, genommen wurde. Beim Finanzamt Frankfurt am Main I erfolgte die Ausschreibung intern, bezogen nur auf dieses Finanzamt. Beim Finanzamt Offenbach-Stadt wurde die Ausschreibung regional, u. a. auch mit dem Finanzamt Frankfurt/M. V-Höchst ... vorgenommen. Nachdem wir uns dort beworben hatten, wurde diese Ausschreibung aufgehoben und das Finanzamt Frankfurt/M. V-Höchst (neben den anderen Frankfurter Finanzämtern) in einer neuen Ausschreibung aus den Adressaten herausgenommen – angeblich sei von Beginn an stattdessen das Finanzamt Fulda als Adressat gemeint gewesen. Es erstaunt, dass wir als Bewerber nicht zugelassen werden, wo wir doch als für die Steuerfahndung ausgebildetes und eingearbeitetes Personal sofort einsatzfähig gewesen wären, wohingegen fachfremdes Personal mit erheblichen Kosten und Arbeitsaufwand zunächst mehrjährig ausgebildet und sodann eingearbeitet werden muss.«

Am Ende der Petition folgte ein Hilferuf, der durchaus als solcher ernst zu nehmen war:

»Abschließend bleibt festzuhalten, dass wir unter der Situation, die durch die mit dieser Petition angegriffenen Entscheidung entstanden ist, auch gerade wegen ihrer offensichtlichen Unsachlichkeit und Willkür alle psychisch und physisch leiden. Deshalb erhoffen wir uns mit dieser Petition eine sachliche Prüfung der

getroffenen Entscheidung mit dem Ziel, den angesprochenen Problemen abzuhelfen.«

Keiner hatte es offiziell ausgesprochen und gleichwohl war es gewissermaßen verhängt: Die versetzten Steuerfahnder traf der Bannstrahl eines »Arbeitsverbotes«. Und man sollte sich vielleicht noch einmal daran erinnern, wie es zu dieser Maßnahme gekommen war: Erwachsene und erfahrene Beamten hatten selbstverantwortliches Denken hinsichtlich einer fragwürdigen Amtsverfügung unter Beweis gestellt. Man muss kein Anhänger unseriöser Verschwörungstheorien sein, um dieser Angelegenheit etwas – gelinde gesprochen – Merkwürdiges abzugewinnen.

Die sechs Unterzeichner der Petition versprachen sich letztlich nur, mit diesem Schreiben im Hessischen Landtag Gehör zu finden. In dem Haus lief schließlich ein Parlamentarischer Untersuchungsausschuss zu diesem Thema, und die betroffenen Steuerfahnder gingen fest davon aus, mit ihrer schriftlichen Eingabe an die Abgeordneten zur Aufklärung dieses fragwürdigen Sachverhalts beitragen zu können. Aber auch das war ein Irrglaube, wie sich in der Folgezeit herausstellen sollte. Bis zum März 2006 tagte der Untersuchungsausschuss insgesamt 17-mal. Nur 6 von diesen 17 Sitzungen waren teilweise öffentlich, was nur schwer zu begreifen war. Parlamentarische Untersuchungsausschüsse waren in der Regel öffentlich zu führen – es sei denn, es wurden Dinge behandelt, die der Geheimhaltung unterlagen. Den fast vollständigen Ausschluss der Öffentlichkeit konnten sich die Frankfurter Steuerfahnder jedenfalls nicht erklären.

Im Netz gefangen

Und es wurde noch haarsträubender. Die – so wurde es gemeinhin empfunden – strafversetzten Beamten der Steuerfahndung Frankfurt versuchten weiterhin, aus ihrer Servicestelle Recht wieder wegzukommen. Im Grunde hatten sie ihren Kampf schon aufgegeben, denn ihre Bemühungen, zurück in die Steuerfahndung zu kehren, scheiterten aufgrund der in der Petition beschriebenen Merkwürdigkeiten. Ich selbst legte ebenfalls Einspruch gegen meine Versetzung in die Servicestelle Recht ein – ohne Erfolg. Die Begründung für meine Entfernung aus der Steuerfahndungsstelle Frankfurt, die dann folgte, war an Perfidie kaum noch zu übertreffen: Wegen meines Herzinfarkts im Jahr 1991 und der Behinderung, die daraus resultiere, fühlte sich der Amtsleiter des Finanzamtes Frankfurt V bemüßigt, mir einen weniger anstrengenden Posten zu verschaffen. Ich hatte zwölf Jahre lang nach meinem Herzinfarkt mit vollem Einsatz in der Steuerfahndung gearbeitet, an den größten und aufwendigsten Fällen mitgewirkt und hierbei zur Aufklärung der kompliziertesten Sachverhalte beigetragen – ohne jede körperliche Einschränkung. Kein Mensch in der Amtsführung hatte in diesen Jahren je danach gefragt, ob ich den Anforderungen meines Jobs gesundheitlich gewachsen wäre – und das war ich. Und nun plötzlich sorgte sich die Führung der Behörde um meinen Gesundheitszustand und entdeckte eine sogenannte Fürsorgepflicht, die es in diesem Amt über all die Jahre hinweg für mich nicht gegeben hatte. Ein bemerkenswerter Zufall, fand ich.

Für einige meiner Kollegen schien es nur noch eine Möglichkeit zu geben: die endgültige Flucht vor der hessischen Finanzbehörde – und ein möglicher Neuanfang bei Zoll, Bundesgrenzschutz oder Verfassungsschutz. Im Finanzamt Frankfurt V gab es für die strafversetzten Beamten keine andere Chance mehr. Sie waren gefangen in einem Netz, aus dem es nur noch ein Entkommen durch einen Neuanfang in einer anderen Behörde gab. Und so wurden also Bewerbungen geschrieben.

Nun könnte man annehmen, dass die Frankfurter Finanzverwaltung dem Sinneswandel ihrer unliebsamen Beamten wohlgesonnen war, schließlich war dies die einmalige Chance, unbequeme Mitarbeiter endgültig loszuwerden. Doch auch in diesem Punkt sahen wir uns getäuscht.

Da Beamten bei Bewerbungen für eine andere Stelle den Dienstweg einhalten müssen, gaben naturgemäß einige meiner Kollegen ihre Bewerbungsunterlagen für Zoll, Verfassungsschutz und dergleichen bei ihren Sachgebietsleitern ab. Dienstweg heißt, dass die Bewerbungen vom Sachgebietsleiter durch die verschiedenen Hierarchieebenen hindurch zu den anderen Behörden geleitet werden müssen. Was bei den unzähligen Versuchen einiger ehemaliger Steuerfahnder leider nicht passierte. Die Bewerbungen wurden nicht weitergeleitet. Oder gingen verloren. Oder …

Nachdem sich die betreffenden Kollegen im Laufe der Zeit wunderten, weder Zusagen, Zwischenbescheide noch Absagen auf ihre Bewerbungen bei anderen Behörden bekommen zu haben, hakten sie bei den jeweiligen Personalstellen nach und bekamen immer wieder dieselben Antworten: Von ihnen sei leider keine Bewerbung eingegangen! Nachfragen bei der Amtsleitung liefen auch ins Leere. Man könne sich so etwas überhaupt nicht erklären. Versehen. Unglückliche Panne. Entschuldigung hierfür …

Der Steuerfahnder Sven Försterling, einer der in die Servicestelle Recht verbannten Beamten, beschrieb diese Vorgänge in einer eidesstattlichen Erklärung:

»Aufgrund einer Initiative meiner Mutter hatte ich auch Kontakt zu dem Landtagsabgeordneten Irmer [Hans-Jürgen Irmer, CDU – Anm. d. Autoren], der auch versuchte, mir meinen alten Job wieder zu beschaffen, und den Finanzminister Karlheinz Weimar direkt anschrieb. Weiterhin versuchte ich mich auch auf Stellen außerhalb der Finanzverwaltung, die im Rahmen der sogenannten PVS, einer Stellenbörse innerhalb der hessischen Verwaltung, ausgeschrieben wurden, zu bewerben.

Als ich eine ehemalige Kollegin aus dem Finanzamt Frankfurt V, die mittlerweile bei der PVS arbeitet, fragte, warum ich keinen Erfolg bei den Ausschreibungen hätte, bedeutete sie mir, dass das mit dem Untersuchungsausschuss und der ganzen ›Steuerfahnderaffäre‹ zu tun hätte und da von ganz oben mitgeredet würde.

Im Januar 2005 entschloss ich mich dann, mich beim Zollkriminalamt in Köln zu bewerben, und wurde dort auch, trotz meiner Vorgeschichte, die ich offen kommunizierte, eingestellt und trat auch zum 2.5.2005 in Köln (zur Überraschung aller) meinen Dienst an.

Ich war damit der Erste, der aus der Servicestelle rausgelassen wurde. Ich weiß es nicht mit Bestimmtheit, ich nehme aber an, dass daran auch die Intervention von Herrn Irmer ›schuld‹ ist.«

Ein vermeintliches Dienstvergehen hatte dem Steuerfahnder Försterling den lang ersehnten Befreiungsschlag gebracht: Er hielt sich bei seiner Bewerbung beim Zollkriminalamt in Köln einfach nicht an den vorgeschriebenen Dienstweg. Und schaffte so den Absprung aus dem Archipel Gulag.

Der Blackout

Am 22. Juni 2005 sollten endlich Steuerfahnder im Parlamentarischen Untersuchungsausschuss des Hessischen Landtags gehört werden. Es war ein erstes positives Signal, das wir aus diesem gleichsam undurchsichtigen Ausschuss bekommen hatten und es wurde entsprechend hoffnungsfroh in unserem Amt aufgenommen. Endlich sollten die Betroffenen zu Wort, endlich die Wahrheit ans Licht kommen. Das hofften wir ...

Die erste Enttäuschung ließ nicht lange auf sich warten. Von den in den Ausschuss geladenen Steuerfahndern war nur einer direkt von den Versetzungen und Sanktionen betroffen, die anderen wussten zu den Vorfällen eigentlich gar nichts zu berichten. Und erneut stellte sich die Frage, wer im Hintergrund wieder die Strippen gezogen hatte? Warum wurde nicht der Steuerfahnder Schmenger geladen, der wegen einer zwielichtigen Disziplinarmaßnahme versetzt worden war, die vor Gericht wieder kassiert wurde? Warum nicht der Oberamtsrat Wehrheim, der sich als Schwerbehindertenvertreter für den Steuerfahnder Schmenger eingesetzt hatte und als selbst schwerbehinderter Beamter schließlich auch zwangsversetzt wurde? Warum nicht der Steuerfahnder Wehner, der gegen eine gesetzeswidrige Durchsuchung protestiert hatte und der Staatsanwaltschaft auf Geheiß wichtige Ermittlungserkenntnisse in diesem Fall verschweigen musste? Es roch schon wieder höchst merkwürdig, bevor es am 22. Juni überhaupt zu den Befragungen kam.

Die Hoffnung lag allein auf Eduard T. (Name geändert), einem Kollegen aus der Servicestelle Recht. Er war es damals, der als Präsident des Hessischen Leichtathletikverbandes die Räume für das Treffen der 70 Steuerfahndungsmitarbeiter im April 2003 bereitgestellt hatte. Er war es, der wie andere in den Archipel Gulag versetzt wurde, nachdem das Aufbegehren der Frankfurter Steuerfahndung gegen die Amtsverfügung 2001/18 gescheitert war, und er hatte an der Petition mitgearbeitet, die wir im November 2004 an die Abgeordneten des Hessischen Landtags geschickt hatten. Er war unser Mann.

Nun, er wäre unser Mann gewesen, wenn er vor dem Untersuchungsausschuss nicht eine besonders hässliche Form einer Amnesie erlitten hätte – einen Blackout, wie er es nannte. Ein Gedächtnisverlust, der möglicherweise von oben angeordnet worden war, wie der Mann später andeutungsweise einräumte …

Die Zuschauerränge waren in der öffentlichen Sitzung des Parlamentarischen Untersuchungsausschusses des Hessischen Landtags an diesem 22. Juni 2005 gut besetzt. Mit großer Spannung erwarteten auch die zahlreich erschienenen Steuerfahnder die Befragung ihres Kollegen Eduard T. Seiner Aussage wurde schließlich Gewicht beigemessen und sollte den langsam vor sich hin stolpernden Untersuchungsausschuss ein wenig in Bewegung bringen.

Eine der ersten Fragen an den ehemaligen Steuerfahnder T. war eine unverfängliche. Ein Ausschussmitglied wollte wissen, ob Eduard T. zwischen seiner Versetzung in die Servicestelle Recht und dem Untersuchungsausschuss des Hessischen Landtags einen Zusammenhang sehen würde. Genau das hatten wir – mit Eduard T. als Mitverfasser – in unserem Schreiben an die Landtagsabgeordneten behauptet. Der Steuerfahnder T. erklärte nach kurzem Zögern, dass er zu dieser Frage nur unter Ausschluss der Öffentlichkeit Stellung nehmen könne. Der Saal wurde geräumt, die Sitzung wurde umgehend hinter verschlossenen Türen weitergeführt und keiner der Zuschauer konnte mitverfolgen, wie Eduard T. aussagte. Oder, anders gesprochen: nicht aussagte.

Von einem Abgeordneten konnten wir noch am selben Abend erfahren, dass sich Eduard T. an nichts mehr erinnern konnte. Er wusste nichts mehr über das Treffen in »seinem« Leichtathletikverband, er wusste nichts zu dem Schreiben zu sagen, das wir damals aufgesetzt hatten, nichts zu den Vorgängen in der Behörde, keine Erinnerung an die Petition – nichts! Mir selbst berichtete er am folgenden Tag in der Servicestelle Recht von seinem Blackout und gestand – nachdem ich ein intensives und gutes Gespräch mit ihm hatte – ein Treffen im Finanzministerium einige Tage vor der Ausschussbefragung. Sein Gegenüber: der damalige Abteilungsleiter 1, Mario Vittoria.

Was bei diesem Treffen genau gesprochen wurde, wird wohl ewig das Geheimnis dieser beiden Männer bleiben. Zwei Dinge jedoch waren augenfällig: Der Oberamtsrat und Präsident des Hessischen Leichtathletikverbandes Eduard T. bekam nach seinem merkwürdigen Blackout vor dem Parlamentarischen Untersuchungsausschuss einen Posten im Hessischen Innenministerium, im Referat VI, zuständig für Sport und Sportförderung, und konnte die Servicestelle Recht verlassen. Und auch für den Abteilungsleiter Mario Vittoria schien die Karriere noch nicht zu Ende sein. Er wurde Oberfinanzpräsident und Herr über 12 000 Verwaltungsmitarbeiter.

Unsere Versuche, Eduard T. davon zu überzeugen, wenigstens das schriftliche Protokoll seiner Aussage vor dem Untersuchungsausschuss noch einmal wahrheitsgemäß zu überarbeiten, scheiterten insofern natürlich auch. Auf unsere Nachfragen hin räumte er ein, dass er sich solche Eigenmächtigkeiten schlicht nicht erlauben könne. Der Druck sei zu groß und er habe auch zu befürchten, dass die Fördermittel für seinen Leichtathletikverband gekürzt werden könnten. Aus diesen Gründen habe er die Abschrift seiner Befragung erst gar nicht mehr durchgelesen, bevor er sie eigenhändig unterschrieben habe. Der Parlamentarische Untersuchungsausschuss traf sich nach diesem denkwürdigen Tag übrigens nur noch einmal – der »Kronzeuge« Eduard T. hatte ihn mit seinen mutmaßlich von oben angeratenen Gedächtnislücken gleichsam beerdigt.

Auch der in die Betriebsprüfung abgeschobene ehemalige Steuerfahnder Rudolf Schmenger musste im Laufe der Zeit mit Befremden feststellen, dass die Waffen eines kleinen Amtsrates vergleichsweise stumpf waren, wenn er gegen Behörden und Politik »kämpfte«. Keiner seiner Briefe an den hessischen Ministerpräsidenten Roland Koch und den Finanzminister Karlheinz Weimar, in denen Schmenger äußerst sachlich und detailgetreu die zahlreichen Vorfälle und Merkwürdigkeiten in Bezug auf die Steuerfahndung schilderte, wurde je von einem der beiden Politiker persönlich beantwortet. Gerade auch in dem Fall des hessischen Großunternehmers, der zu Unrecht ins Visier von Ermittlungsmaßnahmen geraten war, weil Verjährungsfristen mutwillig ignoriert werden sollten, warnte Schmenger die Landesregierung vor Konsequenzen: »*Allein der zu befürchtende Schadensersatzanspruch eines Frankfurter Großunternehmers beziffert sich meines Erachtens nach in Millionenhöhe.*« In einem weiteren Brief an die Hessische Landesregierung schrieb Rudolf Schmenger:

»*Es geht mir nicht nur um meine Rehabilitierung, sondern ich erhoffe von meinem obersten Dienstherren, dass er im Interesse des Landes Hessen die Verfolgung von Straftaten und Dienstpflichtverletzungen in der Hessischen Finanzverwaltung veranlasst und für eine verwaltungsinterne Bereinigung sorgt, ohne dass ich mich – wie andere Kollegen es bereits getan haben – auch an den Petitionsausschuss wenden muss, wobei ich nachdrücklich darauf hinweise, dass ich jedenfalls bisher stets nur verwaltungsintern versucht habe, Gerechtigkeit zu erlangen.«*

Die Schreiben des Amtsrates Schmenger wurden vielmehr an die Stellen zur Bearbeitung weitergeleitet, die unmittelbar an den »Affären« beteiligt waren. Die Briefe wurden also von den Leuten »neutral« und »unabhängig« bearbeitet, die im Fokus seiner Kritik standen. Das war natürlich ein bemerkenswerter Schachzug der Landesregierung und ließ in etwa erkennen, wie stark in Wiesbaden der Wille zur Aufklärung der Frankfurter »Steuerfahnder-Affäre« zu jener Zeit war.

Spürbare Folgen

Rudolf Schmenger wurde krank. Sein Nierenleiden hatte sich verschlimmert, was allem Anschein nach auch der psychischen Belastung durch den langjährigen Kampf gegen haltlose Disziplinarmaßnahmen, Versetzung, Mobbing und dergleichen geschuldet war – und er erlitt überdies einen schlimmen Bandscheibenvorfall. Vielleicht kein Wunder, wenn über Jahre hinweg versucht wird, einem Menschen das Rückgrat zu brechen …

Am 15. September 2005 wandte sich schließlich der Personalratsvorsitzende des Finanzamtes Frankfurt V in einem Brief persönlich an den Herrn Staatsminister Karlheinz Weimar. Auch er wies noch einmal hinlänglich auf die Missstände in der Finanzbehörde hin und beendete das Schreiben mit der Bemerkung:

»Letztendlich sei noch auf die Fragwürdigkeit der derzeitigen Führung von Personalakten seitens der Verwaltung hingewiesen. So mussten einzelne Bedienstete bei wiederholter Einsicht in ihre Personalakten feststellen, dass ihnen keineswegs bei der ersten Akteneinsicht sämtliche Bestandteile dieser Personalakten vorgelegt wurden. In einem Fall tauchte ein Band ›Befähigungsberichte‹ erst im Verwaltungsstreitverfahren vor Gericht auf. Ferner wurden Personalakten nachträglich verfüllt, als diese durch den Petitionsausschuss des Hessischen Landtages angefordert wurden. Diverse Bedienstete haben sich somit auf Stellen beworben, ohne dass die ausschreibende Behörde die Möglichkeit hatte, anhand vollständiger Personalakten eine fundierte Entscheidung treffen zu können. Mehrere Bewerbungen (von insgesamt drei Bediensteten) sind im Übrigen auf von dem Bewerber ordnungsgemäß eingehaltenen Dienstwege verschwunden und nur in einem Fall und auch erst nach Beendigung des Auswahlverfahrens wieder aufgetaucht.«

Ich war von allen Betroffenen letztlich in der besten Lage: Ich war der älteste. Grob gerechnet hätte ich noch 30 Monate in der Servicestelle Recht absitzen müssen, um mich dann über die Altersteilzeit endgültig in die Pension zu verabschieden. Der Gedanke an ein absehbares Ende in der Hessischen Finanzverwaltung ließ mich nicht gleichgültiger werden, aber innerlich ruhiger als meine zum Teil deutlich jüngeren Kollegen. Aber auch ich erkrankte und durfte im Laufe dieser Zeit einige medizinische Eingriffe und das Scheitern meiner Ehe auf die Liste meiner »persönlichen Kollateralschäden« setzen.

Die unzähligen Nadelstiche, die in regelmäßigen Abständen auch von dem neuen Sachgebietsleiter der Servicestelle sorgfältig gesetzt wurden, prallten an mir ab. Andeutungen wie: »Ihr könnt ja wieder Petitionen schreiben« oder die subtilen Hinweise auf den afrikanischen Fluss Okavango, der nach rund 1700 Kilometern Länge unscheinbar versickert, konnten mich nicht mehr verletzen: »Planen Sie wieder eine Okavango-Aktion, Herr Wehrheim? Wir wissen ja alle, wie so etwas ausgeht ...« Quod licet Iovi, non licet bovi (Was dem Jupiter erlaubt ist, ist nicht jedem Ochsen erlaubt), dachte ich mir in Situationen wie diesen. Ich erhob Einspruch gegen meine Versetzung in die Servicestelle Recht und beschritt nach dessen Ablehnung den Klageweg.

Vier meiner Kollegen erging es – wie teilweise schon angemerkt – anders: Rudolf Schmenger saß abgeschoben in der Konzernprüfung und war durch den ermüdenden Kampf gegen die Institutionen ernsthaft krank geworden. Marco Wehner stand auf dem Abstellgleis und war in der Zwischenzeit für zwei Jahre in die Elternzeit geflüchtet. Fehlte noch das Ehepaar Feser, das als Nächstes auf der Abschussliste zu stehen schien. Auch Heiko und Tina Feser waren im Januar 2004 Opfer der Strafversetzungen im Finanzamt Frankfurt V geworden. Tina Feser musste ihren Schreibtisch in der Servicestelle Recht neu ordnen, während ihr Mann Heiko nach 15 Dienstjahren einfach auf einer nicht definierten Innendienststelle landete – in einem Einzelzimmer ohne Stellenzeichen, ohne Dienstposten und ohne Zeichnungsrecht. Im Telefonverzeichnis fand er seine Nummer nicht mehr unter seinem bürgerlichen Namen – er hieß plötzlich N. N. Eine Abkürzung für das lateinische »nomen nominandum«: Er war also ein Mensch, der erst noch zu benennen war. Oder vielleicht sogar ein Mensch, der in dieser Behörde gar nicht mehr existierte.

Auch das Ehepaar Feser war dem seelischen Druck, der von dieser Strafbehandlung ausging, irgendwann nicht mehr gewachsen. Sie hatten sich über Monate hinweg auf andere Stellen beworben – 15 Bewerbungen insgesamt – und waren überall gescheitert. Die Fesers wurden krank und begaben sich in eine Fachklinik eigens für Opfer von beruflicher Unterdrückung. Die Ärzte attestierten den beiden Steuerbeamten klassische Mobbing-Syndrome und schrieben sie fürsorglich krank – eine Maßnahme, die den Fesers bis heute zum Schaden gereicht, weil den beiden Beamten aus gewissen Parteikreisen Arbeitsunwilligkeit unterstellt wurde und wird. Doch auch das war nur der Anfang. Denn was ab Juli 2006 folgte, wird gemeinhin als »die Phase der Psychiatrisierung« bezeichnet. Oder auch als »die endgültige Beseitigungsmaßnahme für vier Beamte des Frankfurter Finanzamtes«.

Der Gutachter

Am 17. Juli 2006 erteilt die Oberfinanzdirektion Frankfurt am Main dem Hessischen Versorgungsamt den Auftrag, den Amtsrat Rudolf Schmenger auf seine Dienstfähigkeit hin zu untersuchen. Noch am selben Tag ergeht an den ehemaligen Steuerfahnder Schmenger die Aufforderung, am 31. Juli im Frankfurter Versorgungsamt bei Dr. med. Michael H. (Name geändert) vorzusprechen – »mitzubringen sind sämtliche – vor allem aktuelle – medizinischen Unterlagen (Befundberichte, ggf. Krankenhaus- und/oder Reha-Abschlussbericht(e), Röntgenaufnahmen etc.)«. Gemeint sein mussten die Befunde zu dem langjährigen Nierenleiden und dem schweren Bandscheibenvorfall – dachte sich Schmenger.

Was Rudolf Schmenger zu diesem Zeitpunkt nicht wusste: Der Dr. med. H., der ihn begutachten sollte, war aufgrund seiner beruflichen Qualifikation gar nicht in der Lage, Befundberichte aus den Bereichen Innere Medizin und Orthopädie zu beurteilen – bei Dr. med. Michael H. handelte es sich um einen Psychiater.

Der ehemalige Steuerfahnder Schmenger war einigermaßen überrascht und er fühlte sich auch getäuscht, als er bei dem Untersuchungstermin erfahren musste, dass ihm ein Psychiater gegenüber saß, der ein Nervengutachten erstellen sollte. Und überrascht war er auch, als diese sogenannte Untersuchung nach rund 60 Minuten bereits wieder beendet war. Wenn man bedenkt, dass selbst in einem kleinen Ordnungswidrigkeitsverfahren vor einem deutschen Amtsgericht länger verhandelt wird, auch wenn es nur um eine geringfügige Geldstrafe geht, ist es schon imposant, dass hier gewissermaßen in einem Eilverfahren verhandelt wurde. Obwohl das Urteil dann auf lebenslänglich lautete ... Es las sich wie folgt:

»... In der entsprechenden aktuellen Untersuchungssituation bietet Herr Schmenger nun ein klinisches Bild, welches eindeutig einer paranoid-querulatorischen Entwicklung entspricht, was keine psychotische Erkrankung darstellt, aber insofern mit einem Realitätsverlust einhergeht, dass auf dem Boden eines primärpersönlich ausgeprägten Gerechtigkeitsempfindens und dem zusätzlichen Nährboden einer narzisstischen Kränkung ein unbeirrbarer Weg beschritten wurde, der aus Sicht von Herrn Schmenger nur beendet werden kann, wenn er rehabilitiert wird, wenn also all seine Vorwürfe als wahr erkannt und strafrechtlich geahndet worden sind, die Verantwortlichen aus ihren Stellen entfernt worden sind und er wieder in den Bereich der Steuerfahndung zu-

rückkehren kann, woraus dann auch eine weitere Verbesserung seines körperlichen Gesundheitszustandes resultieren würde. Verwirklichung dieser Vision ist jedoch objektiv unrealistisch.

Da es sich bei der psychischen Erkrankung Herrn Schmengers um eine chronische und verfestigte Entwicklung ohne Krankheitseinsicht handelt, ist seine Rückkehr an seine Arbeitsstätte unter den obwaltenden Umständen nicht denkbar und Herr Schmenger als dienst- und auch teildienstunfähig anzusehen, an diesen Gegebenheiten wird sich aller Voraussicht nach auch nichts mehr ändern lassen, sodass eine Nachuntersuchung nicht als indiziert angesehen werden kann.

Dr. med. Michael H.

Arzt für Neurologie und Psychiatrie
– Psychotherapie – «

Psychisch krank – im Volksmund bekloppt – und im Alter von 45 Jahren für den Rest seines Lebens für dienstunfähig erklärt – das war nicht nur lebenslänglich, im Grunde war Rudolf Schmenger mit diesem Gutachten jede Chance auf Begnadigung genommen worden. Der Beamte wurde nach dieser vernichtenden Diagnose zum 1. Januar 2007 gegen seinen erklärten Willen in den Ruhestand versetzt.

Tina und Heiko Feser waren als Nächstes an der Reihe. Auch den beiden Eheleuten wurde vom Psychiater Michael H. mit einem Gutachten vom 4. August 2006 wegen psychischer Defekte die Dienstunfähigkeit auf Lebenszeit zugesprochen. Den Steuerfahnder Wehner traf es nur ein Jahr später – ebenso durch das unerbittliche und endgültige Urteil des Psychiaters Dr. med. Michael H. In allen Fällen berichtete der Nervenarzt von »chronischen Anpassungsstörungen« und »paranoid-querulatorischen« Charaktereigenschaften. Verrückt, stigmatisiert, abgeschoben. Auf diesem Wege gab es vier unbequeme Beamte aus der Steuerfahndung Frankfurt weniger, und erneut wurde ein deutliches Exempel statuiert. So stellte sich das moderne Land Hessen im 21. Jahrhundert dar.

Es waren nicht nur die erzwungenen Frühpensionierungen, die diesen ehemaligen Steuerfahndern das Leben schwer machten. Sie trugen vielmehr fortan den Stempel mit sich herum, verrückt, paranoid und krank zu sein. Schon in den Jahren ihres Kampfes gegen die Behördenwillkür mussten sie erleben, wie immer wieder kritische Fragen aus ihrem persönlichen Umfeld gestellt wurden. Rudolf Schmengers Schwiegervater war Finanzbeamter, seine Frau arbeitete ebenfalls in der Finanzverwaltung. Aus allen Richtungen kamen zweifelhafte Bemerkungen. Die Eltern des Beamten wurden auf den kämpferischen Sohn angesprochen – die Ehefrau musste sich auf ihrer Dienststelle Abfälligkeiten gefallen lassen. Was sich in diesen Jahren abspielte, war längst nicht mehr nur auf die beiden streitenden Parteien begrenzt.

Auch innerhalb der Familie hinterließen im Laufe der Zeit die permanenten Demütigungen, Anfeindungen und die feinen Mobbingscharmützel, die in Heckenschützenmanier auf die betroffenen Beamten niedergingen, ihre Spuren. Die Probleme von der Dienststelle wurden mit nach Hause genommen. Gereiztheiten in den Familien traten zutage und vormals engagierte und lebensfrohe Menschen verloren ihr Lachen, ihre Unbeschwertheit – und den Lebenswillen. Marco Wehner konnte verstehen, dass in derart dunklen Momenten ein Suizid der letzte Ausweg sein könnte.

Diese Menschen wurden zunehmend krank. Krank gemacht von einem Staat, dessen Aufgabe es gewesen wäre, seinen Dienern eine gewisse Fürsorgepflicht entgegenzubringen. Oder steckte vielleicht doch ein System dahinter? Doch wer fragte danach? Es war in der Vergangenheit doch einigermaßen gut gelungen, kritische Nachfragen – ob nun von Journalisten oder Mitgliedern des Parlamentarischen Untersuchungsausschusses – frühzeitig und geschickt zu ersticken.

Die kaltgestellten Beamten litten, deren Familien litten mit und bisweilen unter ihnen – und nun bekamen sie auch noch schriftlich, was manche unreflektierten Geister schon längst hinter vorgehaltener Hand getuschelt hatten: Sie waren verrückt! Der jüngste dieser vier mit gerade einmal 39 Jahren.

Und dieses verheerende medizinische Verdikt sollte im Laufe der Zeit noch ganz andere böse Überraschungen für die gebeutelten ehemaligen Staatsdiener offenbaren.

Nicht verrückt

Rudolf Schmenger wollte ein halbes Jahr nach seiner Zwangspensionierung bei der Steuerberaterkammer die Zulassung zum Steuerberater beantragen – doch mit seinem amtsärztlichen Attest, auf Lebenszeit psychisch krank zu sein, hatte die Kammer ein Problem. Was war dran an dem Befund? Konnte ein ehemaliger Finanzbeamter mit einer derart fatalen nervenärztlichen Diagnose ernsthaft den Beruf des Steuerberaters ausüben? Die Kammer verlangte ein weiteres psychiatrisches Gutachten über Rudolf Schmenger – dieses Mal allerdings aus der Hand der Universitätsklinik Frankfurt am Main.

Ein Professor der Uniklinik erstellte ein neuerliches Gutachten über Rudolf Schmenger. Darin hieß es nun, dass der ehemalige Steuerfahnder aus psychiatrischer Sicht völlig gesund sei und die Diagnose »paranoid-querulatorische Entwicklung« durch den im Auftrag der Finanzbehörde untersuchenden Arztkollegen H. nicht bestätigt werden könne. Rudolf Schmenger sei »bewusstseinsklar, allseits orientiert, freundlich-zugewandt und kooperativ« und aus diesem Grund in der Lage, den Beruf eines Steuerberaters »in vollem Umfang ordnungsgemäß auszuüben«.

Der zwangspensionierte Rudolf Schmenger erhielt daraufhin – als psychisch gesunder Mensch – im November 2007 seine offizielle Zulassung als Steuerberater. Seit dem Wintersemester 2009/2010 unterrichtet Schmenger zudem an einer privaten Hochschule als Dozent die Fächer Unternehmensmanagement, Personalführung, Investition und Finanzierung, Bilanzierung, Körperschaftsteuer und Abgabenordnung.

Seine Ausbildung zum Fahnder hat geschätzt rund 100 000 Euro gekostet, und seine lebenslängliche Pension als kranker und dienstunfähig erklärter Beamter wird sich in Zukunft auf eine hohe sechsstellige, wenn nicht sogar siebenstellige Summe, die der Steuerzahler zahlt, auftürmen. Dafür, dass er als Beamter nicht mehr arbeiten darf.

Endlich wurde auch die Landesärztekammer auf die Gutachten des Psychiaters Michael H. aufmerksam. Verschiedene Medien hatten in der Zwischenzeit über die fragwürdigen Zwangspensionierungen der vier ehemaligen Steuerfahnder berichtet und die Urteilsfähigkeit des Nervenarztes und das Verhalten des Hessischen Finanzministeriums kritisch hinterfragt. Der »Spiegel« beispielsweise schrieb Anfang 2008 unter der Überschrift »Großzügiger Verzicht«:

»Mehrere gut ausgebildete Steuerfahnder, die mit ihren Vorgesetzten wegen dienstlicher Angelegenheiten über Kreuz lagen, hat das Land Hessen mit Hilfe psychiatrischer Gutachten zu pensionsberechtigten Ruheständlern gestempelt – teilweise schon im Alter von 36 Jahren. Und mindestens einer von ihnen, der 46-jährige Rudolf Schmenger, will sein auf Staatskosten erworbenes Fachwissen jetzt nutzen, um die Einnahmen des Staats gezielt zu verringern: Seit einigen Wochen besitzt der Ex-Fahnder eine Zulassung als privater Steuerberater.«

Der Menschenrechtsbeauftragte der Landesärztekammer Hessen leitete die Vorgänge um die vier psychiatrischen Gutachten des Nervenarztes Michael H. an die Rechtsabteilung des Hauses weiter, weil er, wie er an Rudolf Schmenger schrieb, der Meinung war, »dass der Gutachter Michael H. ... die ärztliche Sorgfaltspflicht missachtet hat und ein hochgradiger Anfangsverdacht auf Gefälligkeitsbegutachtung besteht.«

Die Angelegenheit landete vor dem Verwaltungsgericht Gießen und wurde am 16. November 2009 nach dreitägiger Hauptverhandlung unter dem Aktenzeichen 21 K 1220/09.GI.B mit einem Urteil beendet. Dem Arzt Michael H. wurde wegen Verstoßes gegen seine ärztlichen Berufspflichten ein Verweis erteilt und ihm wurde zusätzlich eine Geldbuße von 12000 Euro auferlegt. Die Urteilsbegründung ließ die erhoffte Deutlichkeit in diesem Fall nicht vermissen, und zum ersten Mal hatten die vier zwangspensionierten Steuerfahnder das Gefühl, so etwas wie Gerechtigkeit zu erfahren. In einer Presseerklärung des Gerichtes hieß es:

»Das Berufsgericht gelangte ... zu der Überzeugung, dass der Beschuldigte bei der Erstellung aller vier ›nervenfachärztlichen

Gutachten‹ die Standards für psychiatrische Gutachten nicht eingehalten hat.«

Das Gericht warf dem Psychiater Michael H. überdies vor, dass er bei der Erstellung dieser Gutachten die gebotene Neutralitätspflicht verletzt habe. In der Urteilsbegründung liest sich dieser schwere Vorwurf wie folgt:

»Insbesondere ist an keiner Stelle nachvollziehbar dargelegt, weshalb die festgestellte Fixierung des Probanden auf seine Sicht der Vorfälle in der Dienststelle ›eindeutig‹ eine paranoid-querulatorische Entwicklung darstellt.«

Hier kam in der Tat der Verdacht eines Gefälligkeitsgutachtens auf, denn der Gutachter war bei seiner Bewertung schlichtweg davon ausgegangen, dass die von den untersuchten Fahndern geschilderten Vorfälle ausschließlich wahnhafter Natur wären – also nicht der Wirklichkeit entsprächen. Wer hatte den Arzt zu dieser Erkenntnis gebracht?

Weiter hieß es in der vom Verwaltungsgericht veröffentlichten Urteilsbegründung:

»Im Hinblick darauf, dass der Beschuldigte für das Gericht nicht erkennbar machte, dass er sein Fehlverhalten einsieht, bedurfte es der Verhängung einer nicht zu geringen Geldbuße, um das Ziel der Verhinderung berufsrechtlichen Fehlverhaltens in der ärztlichen Arbeit des Beschuldigten in Zukunft zu erreichen. Andererseits hält das Gericht im Hinblick darauf, dass der Beschuldigte erstmals berufsrechtlich in Erscheinung getreten ist und im Hinblick auf die von ihm dargestellten ne-

gativen Auswirkungen der Publizität der Angelegenheit in der Öffentlichkeit für sein persönliches und berufliches Fortkommen es für ausreichend, eine Geldbuße in der festgesetzten Höhe auszusprechen.«

In der Verhandlung stellte sich überdies heraus, dass der Psychiater gar keine klassische Praxis führte, sondern seinen Lebensunterhalt gewissermaßen mit Gutachten für die hessischen Verwaltungsbehörden bestritt. Die ein- bis zweistündigen Begutachtungstermine berechnete er mit 350 Euro je Untersuchung und erledigte im Schnitt drei dieser Termine pro Tag.

Auch die Staatsanwaltschaft Frankfurt am Main leitete Ermittlungen gegen den Nervenarzt H. ein – wegen des Verdachts des Ausstellens unrichtiger Gesundheitszeugnisse nach § 278 des Strafgesetzbuches. Die Kriminalpolizei durchsuchte daraufhin die Geschäftsräume des Arztes in Frankfurt sowie dessen Wohnung in Wiesbaden. Die »Frankfurter Rundschau« berichtete in dem Artikel »Kontrolle unerwünscht« von ihren Recherchen im Zusammenhang mit dem Arzt H.:

»Als Praxisschild reicht dem Facharzt für Neurologie und Psychiatrie H. offenbar ein mit Tesafilm auf den Briefkasten geklebter Zettel. Auf Anrufe von Journalisten reagiert der Psychiater derzeit nicht. Seit die Staatsanwaltschaft seine Räume durchsuchte, seit die Ärztekammer gegen ihn ermittelt, ist es schwierig geworden, Psychiater H. überhaupt zu Gesicht zu bekommen. Kein Hinweis auf eine Arztpraxis findet sich im Treppenhaus des Frankfurter Altbaus, nur H.s Name an einem Klingelschild im zweiten Stock. Niemand öffnet.«

Unter normalen Umständen – sofern es solche überhaupt gibt –
hätte man nun davon ausgehen können, dass die hessische Finanzbehörde sofort nach dem vielsagenden Gerichtsurteil gegen
den Psychiater H. mindestens zwei Maßnahmen ergreift:

1. Sie zieht den Gutachter zur Rechenschaft, der dem Finanzamt Frankfurt und im Grunde auch dem Steuerzahler vier
   im besten Alter stehende gesunde Beamte durch ein unzurei-
   chendes Gutachten weggenommen hat und verklagt ihn auf
   Schadensersatz.
2. Die Finanzbehörde holt die vier – offenkundig zu Unrecht
   dienstunfähig geschriebenen Beamten – unverzüglich wieder
   zurück an ihre Arbeitsplätze. Denn gesunde Beamte, die mo-
   natlich Bezüge kosten und die überdies auch arbeiten wollen, sollen auch arbeiten dürfen. Das zumindest wäre man
   den Steuerzahlern schuldig, die hierfür am Ende aufkommen
   müssen.

Beides ist natürlich nicht geschehen. Die hessische Verwaltung
stellte sich nicht auf die Seite ihrer fälschlicherweise für psychisch krank erklärten Beamten und sie unternahm – vielleicht
aus gutem Grund – auch nichts gegen den verurteilten Gutachter
Dr. med. Michael H.

Auffällig war in dieser Zeit die Rolle mancher Spitzenkräfte der
Deutschen Steuergewerkschaft in Hessen. Während sich ihre in
den örtlichen Personalrat des Finanzamtes Frankfurt am Main V
gewählten Mitglieder an der Seite der bei Verdi organisierten Per-
sonalräte mit Solidarität, Energie und Herz engagierten, stellten
sich Mitglieder des Landesvorstandes hinter die Ministerialbü-
rokratie und den Finanzminister. Und diese hochkarätigen Ge-

werkschaftsleute sind nun auch als Zeugen gegen die betroffenen Steuerfahnder vor den Untersuchungsausschuss geladen, obwohl keiner von ihnen je mit den Betroffenen persönlich gesprochen hat. Sie fungieren als Zeugen »vom Hörensagen«, die sich selbst nach der Verurteilung des Psychiaters Michael H. noch gegen die Betroffenen und hinter die Verwaltung stellen und Mobbing kategorisch ausschließen.

Daraus ließe sich folgern, dass die Verwaltung vielleicht einen externen Ombudsmann oder Mediator benötigen könnte, damit in Zukunft in schwierigen Fällen wie diesen die Kommunikation zwischen den Beteiligten nicht mehr in der Weise abbricht, wie hier geschehen.

Unter dem wachsenden öffentlichen Druck, der sich aus der kritischen Berichterstattung in den deutschen Medien ergab, machte der hessische Finanzminister Karlheinz Weimar den vier zwangspensionierten Steuerfahndern dann doch noch ein Angebot. Oder zumindest das, was er sich unter einem Angebot vorstellte: Er empfahl den vier Ex-Beamten, einen Antrag auf Reaktivierung zu stellen, entblödete sich jedoch nicht, noch einmal darauf hinzuweisen, dass die Verwaltung in dieser Affäre richtig gehandelt hätte. Er forderte die durch das Gerichtsurteil rehabilitierten ehemaligen Steuerfahnder überdies auf, sich ein weiteres Mal begutachten zu lassen. Rudolf Schmenger, Marco Wehner und das Ehepaar Feser verloren nun endgültig ihren Glauben an einen Rest Gerechtigkeit. Keine Entschuldigung, keine personellen Konsequenzen in der Führungsebene, stattdessen ein weiteres Gutachten, das vom Land in Auftrag gegeben würde und dessen Ergebnis nach allem, was die vier bis dahin erlebt hatten, naturgemäß Gefahren barg. Und, sollten sie den Psychocheck tatsächlich bestehen, die Rückkehr zu all jenen

Führungskräften, die sie mutwillig über Jahre hinweg beruflich zermürbt und zerstört hatten.

208 Euro

Dass die abservierten und gemobbten Fahnder mit ihren frühzeitigen Vorbehalten gegen die Amtsverfügung 2001/18 vielleicht sogar recht gehabt haben könnten, bestätigte der hessische Finanzminister Karlheinz Weimar unfreiwillig im Februar 2008. Der SPD-Politiker Reinhard Kahl richtete im Landtag eine Frage an den Finanzminister. Der Sozialdemokrat wollte nach der von der Bochumer Staatsanwältin in Auftrag gegebenen Durchsuchung des ehemaligen Postchefs Klaus Zumwinkel wissen, wie es mit den 326 Kisten und 357 Ordnern mit Liechtensteiner Steuerakten aussehe, die bereits im Jahr 2004 in einem Untersuchungsausschuss thematisiert worden seien. Dazu muss bemerkt werden, dass das Landgericht Bochum einen über die Liechtenstein-CD überführten hessischen Steuersünder zu zwei Jahren Gefängnis auf Bewährung verurteilt hatte. Als Bewährungsauflage musste der Verurteilte 7,5 Millionen an gemeinnützige Organisationen sowie die Staatskasse bezahlen und dies, nachdem er bereits 7,6 Millionen Euro Einkommensteuer plus 420 000 Euro Solidaritätszuschlag zurückbezahlt hatte. Eine richtig teure Angelegenheit für den Hessen, den Bochum überführt hatte.

Auf die Anfrage des SPD-Politikers erklärte der hessische Finanzminister erschreckend entlarvend in einem Schreiben vom 22. Februar 2008: Die Fälle seien alle abgearbeitet. Die Steuermehreinnahmen lägen im Durchschnitt bei 208 Euro!

Die Mehrheit der Fahnder im gesamten Bundesgebiet war bis dahin immer davon ausgegangen, dass sich Stiftungen und Geldanlagen in Liechtenstein vornehmlich im siebenstelligen Bereich bewegen. Die Finanzbehörde Frankfurt widerlegte diesen bundesdeutschen Trend mit 208 Euro Mehrsteuer im Schnitt aller Liechtenstein-Fälle. Hessen unter Roland Koch im 21. Jahrhundert!

Die Auszeichnung

Ich selbst schied im April 2009 endgültig aus dem Dienst. Die Altersteilzeit war beendet und ich hatte den Prozess, den ich gegen meine Zwangsversetzung angestrebt hatte, wenige Wochen vor meinem Dienstende verloren. Eine Berufung erwog ich in jenen Tagen nur kurz, denn ein Urteil in der nächsthöheren Instanz wäre erst gesprochen worden, wenn ich bereits nicht mehr im Dienst gewesen wäre.

Ich war seit 1975 in der Steuerfahndung Frankfurt und die letzten Jahre meiner Dienstzeit als Beamter abgeschoben in der Servicestelle Recht, dem Archipel Gulag. Es bedurfte großer Anstrengungen, nicht in vollkommener Verbitterung abzutreten.

Am 7. Mai 2009 erhielt auch ich meine Zulassung als Steuerberater. Rudolf Schmenger und ich hatten die Seiten gewechselt, Marco Wehner wurde Fahrlehrer, Heiko Feser schreibt heute ein Kinderbuch und seine Frau Tina studiert Malerei. Unfreiwillige Biografien ehemaliger deutscher Steuerfahnder ...

Am 9. Mai 2009 erhielten Rudolf Schmenger und ich den »Whistleblower-Preis 2009«. Diese Auszeichnung wird seit 1999 alle zwei Jahre von der Vereinigung Deutscher Wissenschaftler

(VDW) und der deutschen Abteilung der International Association of Lawyers Against Nuclear Arms (IALANA) vergeben, und geht an Menschen, »die in ihrem Arbeitsumfeld oder Wirkungskreis schwerwiegende, mit erheblichen Risiken oder Gefahren für Mensch und Gesellschaft, Umwelt oder Frieden verbundene Missstände aufgedeckt haben.«

In der Jury-Begründung hieß es:

»Beide Preisträger haben mit Beharrlichkeit die Folgen der ›Amtsverfügung‹ und der anschließenden skandalösen Zermürbung und Zerschlagung der gesamten kritischen Steuerfahndungsabteilung immer wieder heftig und mit guten Gründen kritisiert. Sie haben die direkten und indirekten, die dienstrechtlichen und die politischen Folgen dieser hessischen Vorgänge über Jahre transparent werden lassen – in einer Abfolge vielfältiger Formen des Whistleblowing. Sie haben als Insider entscheidend dazu beigetragen, einen wichtigen staatlichen Bereich mit seinen Missständen dem Einblick der kritischen Öffentlichkeit zu öffnen. Das verdient größten Respekt und öffentliche Anerkennung.«

Wir fühlten uns von diesem Preis geehrt, wenngleich ich offen gesprochen der Meinung war, dass ich bei meinem Engagement gegen die Ungerechtigkeiten in der hessischen Finanzverwaltung in erster Linie meinen Aufgaben als Schwerbehindertenvertreter und ehemaliger Sachgebietsleiter nachgekommen war. Aber, es war eine große Auszeichnung, die uns beide nach den vielen Jahren des fast vergeblichen Kampfes gegen eine übermächtige Behörde mit viel Stolz und Genugtuung erfüllte. Und der Preis spendete auch ein wenig Trost.

Am Tag der Preisverleihung in Bad Boll erschien ein Artikel mit der Überschrift »Ausgezeichnete Verräter« im Handelsblatt. Dort hieß es unter anderem:

»Bis heute vermuten die Preisträger ›die Landesregierung und mit der Personalsteuerung befasste Verwaltungsbeamte‹ dahinter. Auf eine Anfrage hin heißt es im Hessischen Finanzministerium zunächst abfällig, Schmenger und Wehrheim litten unter Verfolgungswahn, und der Whistleblower-Preis ›ist schließlich nicht der alternative Nobelpreis‹.«

In den Augen des Finanzministeriums litten Schmenger und ich also unter Verfolgungswahn. Eine schöne Mitgift der Politik für zwei ehemalige Beamte, die sich als Steuerberater selbstständig gemacht hatten. Ich forderte die Behörde über einen Anwalt auf, diese Äußerung künftig zu unterlassen, woraufhin das Hessische Finanzministerium am 22. Mai 2009 antwortete, der Minister Weimar habe den Pressesprecher nicht zur Abgabe dieser Erklärung gebeten, und außerdem: Der Pressesprecher habe eine derartige Äußerung »dem Handelsblatt gegenüber überhaupt nicht abgegeben«.

Eine Schadensersatzklage gegen den Ministeriumssprecher, der diese Aussage leugnet, wird nun erfolgen müssen. Und wenn es sich herausstellen sollte, dass er diese Äußerung tatsächlich nicht gemacht hat, wird es wohl gegen den Journalisten des Handelsblatts gehen. Irgendwann muss einmal Schluss sein mit den perfiden Sticheleien aus den Kreisen der Finanzbehörde.

Es gibt keinen Skandal

Im Januar 2010 begann auf Antrag von SPD und Grünen ein zweiter Parlamentarischer Untersuchungsausschuss im Zusammenhang mit der hessischen Steuerfahnderaffäre. Der Ausschuss sollte klären:

»1. *Welche personellen Maßnahmen infolge des Konflikts um die Amtsverfügung 2001/18 gegenüber einzelnen Bediensteten der Steuerfahndung beim Finanzamt Frankfurt am Main V von wem veranlasst, gebilligt und vollzogen wurden ...*

2. Aus welchen Gründen und auf welche Veranlassung hin die betroffenen Bediensteten der Steuerfahndung einer psychiatrischen Begutachtung unterzogen wurden ...

3. In welcher Weise die fachärztlichen Gutachten in der Personalverwaltung der Oberfinanzdirektion und des Ministeriums der Finanzen oder von anderen Stellen hinsichtlich ihrer logischen Schlüssigkeit, Nachvollziehbarkeit und Geschlossenheit geprüft und gewürdigt wurden ...

4. Aus welchen Gründen es unterlassen wurde, nach Bekanntwerden der Untersuchungsergebnisse einer psychiatrischen Begutachtung eines Betroffenen durch eine Universitätsklinik in Zusammenhang mit einer beantragten Zulassung als Steuerberater den Vorgang der Ruhestandsversetzung zu überprüfen und ggf. eine erneute Berufung in das Beamtenverhältnis auszusprechen (Reaktivierung).

5. Ob Mitglieder der Landesregierung die Gremien des Landtags jederzeit zutreffend umfassend und wahrheitsgemäß über die Vorgänge im Zusammenhang mit der zwangsweise durchgeführten Pensionierung der Steuerfahnder unterrichtet haben.

6. Wie die Schreiben der betroffenen Steuerfahnder an Ministerpräsident Koch und Finanzminister Weimar behandelt wurden, insbesondere, wer diese gesehen, bearbeitet und welche Entscheidungen in diesem Zusammenhang getroffen hat.

7. Wie Ministerpräsident Koch und Finanzminister Weimar ihrer dienstlichen Fürsorgepflicht gegenüber den Steuerfahndern nachgekommen sind, deren Anliegen und Dienstumstände ihnen sowohl durch an den Ministerpräsidenten und den Finanzminister gerichtete Briefe vorgetragen wurden als auch durch die öffentliche Berichterstattung bekannt geworden sind.«

Wichtige und redliche Ziele eines Parlamentarischen Untersuchungsausschusses, in den nach unzähligen Erfahrungen aus der Vergangenheit jedoch kaum einer der Betroffenen noch seine Hoffnung setzt. Insbesondere, nachdem ein Ausschussmitglied, der Generalsekretär der CDU, Peter Beuth, die betroffenen ehemaligen Steuerfahnder in den Medien als »vier querulatorische, sich selbst überschätzende Durchschnittsbeamte« bezeichnet hat.

Auch eine Aussage der beiden Ausschussobleute von SPD und Grünen, Norbert Schmitt und Frank Kaufmann, machte zuletzt jede Hoffnung auf einen guten Ausgang zunichte:

»Die heutige Sitzung des Untersuchungsausschusses zum Mobbing hessischer Steuerfahnder brachte an den Tag, worauf CDU

und FDP in Wahrheit abzielen: Sie wollen nicht aufklären, sondern durch vom Untersuchungsauftrag nicht gedeckte Beweisanträge vom eigentlichen Gegenstand ablenken.«

Hier zeigte sich auch die erstaunliche Wandlungsfähigkeit von Politikern und Parteien. Der erste Parlamentarische Untersuchungsausschuss zur Steuerfahnderaffäre fiel in die Legislaturperiode, in der die CDU über eine absolute Mehrheit verfügte. Der einzige FDP-Abgeordnete, der zu jener Zeit als Oppositioneller im Ausschuss saß, hieß Roland von Hunnius. Und der zeigte sich damals von der Arbeit des Untersuchungsausschusses nicht gerade erfreut. In der 84. Plenarsitzung des Hessischen Landtags hielt von Hunnius am 23. November 2005 eine Rede, in der er erklärte:

»Lassen Sie mich mit den personellen Maßnahmen beginnen. Da gibt es eine Verkettung von Merkwürdigkeiten und Absonderlichkeiten, die aufhorchen lässt:

Es wird entdeckt, dass es in Frankfurt eine Überbesetzung an Steuerfahndern gibt. Es folgt eine Umsetzung von 11 Personen aus dem Bereich Steuerfahndung, die – zumindest subjektiv – als Versetzung oder Strafversetzung empfunden wird.

Zugleich entsteht urplötzlich ein besonders großer Personalbedarf in der Servicestelle Recht.

Trotz der angeblich vorhandenen Überbesetzung im Bereich Steuerfahndung erfolgt eine Stellenausschreibung.

Da gehen drei Bewerbungsunterlagen auf dem Dienstweg schlicht verloren.

Es werden Ausschreibungsbedingungen geändert.

Bei den umgesetzten Steuerfahndern handelt es sich um Personen, die in bestimmten Fachfragen – gemeint ist eine Amtsverfügung – anderer Meinung waren als der Amtsleiter. ...

Ich erspare es mir, die Liste der Merkwürdigkeiten und Absonderlichkeiten fortzuführen. Aber es fällt – mit Verlaub – einem unvoreingenommenen Betrachter sehr schwer, daran zu glauben, dass es sich hier um eine zufällige Verkettung handelt ...

Parlament und Landesregierung erwarten von ihren Mitarbeitern in der Finanzverwaltung, dass sie ohne Wenn und Aber zum Staat stehen und sich nicht von zahlungsunwilligen Steuerbürgern und Unternehmen von ihrer Pflicht abbringen lassen. Das kann nur funktionieren, wenn im gleichen Umfang der Staat – repräsentiert durch Vorgesetzte und Ministeriumsspitze – ohne Wenn und Aber hinter seinen Mitarbeitern steht. ...«

Als späterer Koalitionspartner der CDU in der darauf folgenden Legislaturperiode forderten die Freidemokraten mit ihrem Regierungspartner zusammen im zweiten Ausschuss eine Erweiterung des Untersuchungsauftrags um verschiedene Punkte, die – so ließe es sich deuten – die vier zwangspensionierten ehemaligen Steuerfahnder in Misskredit bringen sollten. In dem »Dringlichen Antrag der Fraktion der CDU und der FDP« vom 27. Januar 2010 stand unter anderem zu lesen:

»Es soll insbesondere aufgeklärt werden:

... ob die Dienstunfähigkeit von den vier Steuerfahndern gezielt betrieben wurde.

... warum die vier Steuerbeamten das Reaktivierungsangebot der Finanzverwaltung nicht angenommen haben,

ob eine Reaktivierung auch gegen den bis zur Einsetzung des Untersuchungsausschusses 18/1 erklärten Willen der vier Steuerbeamten geboten ist. ...«

Von einem Staat, der »ohne Wenn und Aber« hinter seinen Mitarbeitern stehen sollte, wie es der inzwischen aus dem Landtag ausgeschiedene FDP-Abgeordnete von Hunnius gefordert hatte, schien nicht mehr viel übrig zu sein.

Schließlich erklärte der hessische Ministerpräsident Roland Koch im Januar 2010 vor dem Landtag den Abgeordneten höchstpersönlich:

»Es gibt keinen Skandal. Sie haben das Recht auf einen Untersuchungsausschuss, das dürfen Sie jederzeit – das ist ein Minderheitenrecht. Aber daraus zu schließen, es sei etwas Falsches in diesem Land passiert, ist nach meiner festen Überzeugung falsch.«

Ob er diese Überzeugung auch vertreten hätte, wenn ihm oder einem der Seinen etwas Derartiges widerfahren wäre, weiß nur der ehemalige Landesvater selbst. Heute bleibt lediglich zu hoffen, dass Roland Koch in dem Baukonzern Bilfinger Berger, den er ab dem 1. Juli 2011 als Vorstandsvorsitzender führen wird, ähnliche Personalaffären erspart bleiben – oder seinen künftigen Mitarbeitern, je nachdem, von welcher Seite man es betrachtet. Immerhin muss man sich um den Ex-Politiker keine wirtschaftlichen Sorgen machen: Zu Kochs Amtszeit hatte die Baufirma immerhin noch einen 80-Millionen-Euro-Auftrag zum Bau der Nordwest-Landebahn erhalten.

Alle vier falsch begutachteten Ex-Fahnder reichten im Dezember 2010 Klage gegen den Psychiater H. und ersatzweise auch gegen das Land Hessen ein. Sie forderten Schadensersatz von dem Mediziner beziehungsweise von der hessischen Verwaltung. Sollten die zwangspsychiatrisierten Beamten recht bekommen, könnte es für den Mediziner oder das Land Hessen – und somit für den Steuerzahler – noch richtig teuer werden.

Nach der Klageeinreichung verlangte der Vorsitzende des Parlamentarischen Untersuchungsausschusses, Leif Blum von der FDP, im März 2011, dass die Aufarbeitung der Steuerfahnder-Affäre im Landtag unter Ausschluss der Öffentlichkeit abgehalten werden müsse. Er vertrat die Ansicht, dass ein öffentlich abgehaltener Untersuchungsausschuss mit dem Gerichtsverfahren kollidieren würde, weil der »Beweiswert« der Zeugen vor Gericht unter den Aussagen anderer Zeugen vor dem Ausschuss leiden könnte. Ein kluger Schachzug. Man gibt vor, das Zivilverfahren zu schützen, indem man die Öffentlichkeit im Ausschuss ausschließt. Ein Oppositionspolitiker indes kündigte bereits an, dass er »nicht an einer klammheimlichen Veranstaltung teilnehmen« wolle.

In dem Untersuchungsausschuss 18/1, der im März 2011 noch ruhte, nachdem SPD und Grüne vor dem Staatsgerichtshof eine Klage eingereicht hatten, weil sie die Arbeit des Ausschusses durch Beweisanträge der Regierungskoalition behindert sahen, gab es bis zum Februar 2011 insgesamt 14 Sitzungen, ohne dass auch nur ein einziger der versetzten und zwangspensionierten Steuerfahnder als Zeuge befragt wurde. Ein Urteil des Staatsgerichtshofes darf man vor den hessischen Kommunalwahlen am 27. März 2011 naturgemäß nicht erwarten. Alles läuft wie gewohnt. Hessen im 21. Jahrhundert – auch nach Roland Koch ...

ABRECHNUNG –
EIN FAZIT

Am 29. April 2010 erhielt ich einen Brief von einem vormals leitenden Angestellten der AAT, also der Firma, gegen die wir im Zusammenhang mit illegalen Nukleartransporten nach Pakistan und Indien ermittelt hatten. Ich habe mir erlaubt, dieses Schreiben an ein paar Stellen leicht zu verändern, um die Anonymität des Verfassers zu gewährleisten. Der Mann schrieb:

»Sehr geehrter Herr Wehrheim,

wir kennen uns aus Ihrer früheren Tätigkeit bei der Steuerfahndung. Vielleicht erinnern Sie sich an die Aktion Ende der 80er-Jahre bei der Firma AAT. Es ging damals um mögliche illegale Exporte, Verstöße gegen das Kriegswaffenkontrollgesetz, Unterschlagung und Steuerhinterziehung meines ehemaligen Kollegen Dieter P.

Sie haben damals bei uns in der Firma mit einem Kollegen ermittelt. All das ist schon lange her. Kurz nachdem die ganze Geschichte gerichtlich abgearbeitet war, habe ich das Unternehmen verlassen und konnte nach einjähriger Arbeitslosigkeit in einem neuen Job unterkommen, wo ich heute noch bin.

*Aber warum schreibe ich das alles? Ich habe nach meinem Aus-
scheiden aus dem damaligen Unternehmen immer wieder Diskussionen mit anderen zum Thema Steuern, Finanzamt, Prü-
fungen usw. geführt – insbesondere, wenn es um die lahmen
Finanzbeamten ging. Ich musste dann immer wieder einwenden,
welch positiven Eindruck Ihre Tätigkeit als Steuerfahnder bei
mir hinterlassen hat. Sie sind professionell und engagiert vorge-
gangen. Sie haben nicht auf die Uhr gesehen, wenn andere schon
Feierabend hatten. Sie sind für mich immer Sinnbild des ›anderen Beamten‹ gewesen, und das hat mir immer auch ein bisschen
Kraft gegeben, an das vereinzelt »Positive« in unserer Verwaltung zu glauben.*

*Umso mehr haben mich die ganzen Berichte in Presse, Rund-
funk und Fernsehen der letzten Jahre betroffen gemacht. Wenn
man sieht, wie mit aufrichtigen, ehrbaren Bürgern umgesprungen
wird, die sich der guten Sache verschrieben haben, kann man nur
mit dem Kopf schütteln. Ich kann mich gut daran erinnern, dass
Sie auch die Coop und die Deutsche Bank am Wickel hatten. Soweit ich es beurteilen kann, haben Sie ohne Ansehen auf Name,
Position usw. versucht, der Steuergerechtigkeit Nachdruck zu
verleihen. Ich habe das als sehr positiv empfunden – und ich tue
dies noch heute.*

*Sicherlich werden Sie im Streit mit Wiesbaden irgendwann mal
auf dem Papier recht bekommen – aber ich bin mir sicher, dass
Sie das nicht nachhaltig befriedigen wird. Es ist mir deshalb
persönlich wichtig gewesen, Ihnen zu schreiben und Ihnen meinen Respekt zu zollen für Ihre frühere Tätigkeit und Gerad-
linigkeit. All dies sind Eigenschaften, die heute leider nur zu*

selten vorzufinden sind (nicht nur bei den Beamten – auch in der Wirtschaft).

Ich wünsche Ihnen, dass Sie Frieden schließen können mit diesen Vorgängen und dass Sie damit nicht ganz Ihr Vertrauen in die gute Sache verlieren.

Ich wünsche Ihnen auf Ihrem weiteren Lebensweg alles Gute, insbesondere Gesundheit, Lebensfreude und Glück.

Mit wirklicher Hochachtung, ...«

Nach mehr als 40 Jahren Staatsdienst kommt die größte Anerkennung aus dem Umfeld meiner damaligen Gegner, den Steuersündern. Das berührt mich.

BESCHEID –
WORTE DES DANKES

Ich möchte mich bei meinen Mitstreitern Rudolf Schmenger und Marco Wehner für ihre Kraft, Solidarität und Freundschaft bedanken.

Meinem früheren Sachgebiet bei der Steuerfahndungsstelle Frankfurt – dem Coba-Team – gebührt mein Dank und meine Anerkennung für die gute und erfolgreiche Zusammenarbeit.

Meinem im vergangenen Jahr verstorbenen Mentor Lothar Tücksen habe ich vieles zu verdanken – mein Fachwissen, mein Gespür und meinen Durchhaltewillen.

Der Jury und den Laudatoren des Whistleblower-Preises, Annegret Falter, Dr. Dieter Deiseroth, Dr. Peter Becker, Björn Rohde-Liebenau, Prof. Ulrike Wendeling-Schröder, Prof. Johannes Ludwig, Otto Jäckel, Dr. Stephan Albrecht, gehört ebenfalls mein Dank. Sie haben mich mit der Auszeichnung überrascht, geehrt und sie haben mir damit Mut gemacht, in dieser Sache nicht aufzugeben.

Ich danke meinen beiden Söhnen Daniel und Martin – weil es sie gibt und weil sie für mich da sind.

Ganz besonders will ich mich bei meiner ersten Leserin und Lebensgefährtin Ursula Völker bedanken. Sie hat die Arbeit an diesem Buch begleitet, unterstützt und klug vorangebracht.

Zum Schluss will ich mich bei meinem Mitautor Michael Gösele für die ausgezeichnete Zusammenarbeit bedanken. Ohne ihn wäre dieses Buch nicht möglich gewesen. Und ohne Ute, Nico und Linus auch nicht.

Über die Autoren

Frank Wehrheim aus Bad Homburg war 28 Jahre als Steuerfahnder in Frankfurt am Main tätig. Er ermittelte unter anderem gegen deutsche Großkonzerne, Banken und Politiker. Heute arbeitet der Hesse als selbstständiger Steuerberater.

Michael Gösele aus München war viele Jahre als Gerichtsreporter und Journalist tätig. Heute ist er Autor und hat bereits mehrere Bücher und Bestseller geschrieben.

JETZT DER DRITTE TEIL DER BESTSELLERSERIE

FALSCHER ENGEL UND RACHEENGEL

333 Seiten
Preis: 19,99 € (D) | 20,60 € (A)
ISBN: 978-3-86883-131-3

Caine, Alex

Mister Undercover

Wie ich die Hells Angels, Bandidos, ein Heroinkartell und den Ku-Klux-Klan unterwanderte

Die Hells Angels, die Bandidos, asiatische Dealerbanden, russische Gangster und sogar den Ku-Klux-Klan – Undercover-Agent Alex Caine hat sie alle infiltriert. Über 25 Jahre lang war der Frankokanadier als Informant für die kanadischen und US-amerikanischen Behörden tätig und schleuste sich dafür in kriminelle Gangs ein. Für jeden Job zog er um, wechselte seine Identität und manchmal seinen Namen. Er gab sich als Biker, Fotograf oder Eventveranstalter aus, kaufte große Mengen an Drogen und Waffen und führte ein aufregendes, gefährliches Leben als V-Mann unter Gangstern.

EIN HELLS ANGEL PACKT AUS

208 Seiten
Preis: 19,95 € (D) | 20,60 € (A)
ISBN: 978-3-86883-090-3

P., Thomas

Der Racheengel
Ich bin der Kronzeuge gegen die deutschen Hells Angels. Ich war einer von ihnen, jetzt packe ich aus

Der »Falsche Engel« ist nichts gegen diesen Engel. Er war viele Jahre im engsten Kreis der Hells Angels aktiv. Gegen ihn liefen Verfahren wegen Anstiftung zur Prostitution, schweren Raubes, räuberischer Erpressung, schwerer Körperverletzung, erpresserischen Menschenraubes. Er war einer von ihnen. Am 12. April 2008 wurde alles anders. In einer aufsehenerregenden Aktion wurde er an diesem Tag vor seiner Haustüre verhaftet.

In diesem Buch packt Thomas P. aus: über seine kriminelle Vergangenheit und sein Leben als Kronzeuge des LKA.

WIE DER GRÖßTE DIAMANTENRAUB ALLER ZEITEN MÖGLICH WAR

303 Seiten
Preis: 19,99 € (D) | 20,60 € (A)
ISBN: 978-3-86883-115-3

Selby, Scott Andrew
Campbell, Greg

Lupenrein
Die wahre Geschichte des größten Diamantenraubes aller Zeiten

Am 15. Februar 2003 gelang einer italienischen Diebesbande nach zweijähriger Planung das, was als größter Diamantenraub aller Zeiten in die Geschichte eingehen sollte. Das Diamond Center in Antwerpen ist eines der sichersten Gebäude der Welt: Eingerahmt von zwei Polizeiwachen, werden die Schätze in seinem Inneren durch raffinierte Sicherheitsmaßnahmen geschützt. Dennoch gelang es einer Bande von Meisterdieben in einem spektakulären Raub, dieses europäische Fort Knox zu knacken und Diamanten im Wert von mehr als einer halben Milliarde Euro zu erbeuten. Das Buch erzählt ihre Geschichte.

ALLES, WAS SIE ÜBER AUTOS WISSEN WOLLEN

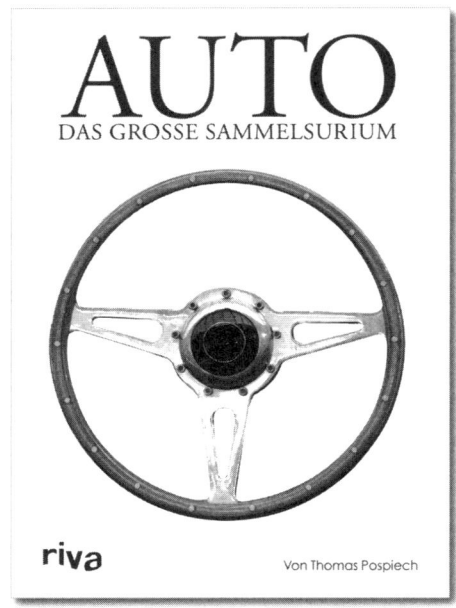

400 Seiten
Preis: 19,95 € (D) | 20,60 € (A)
ISBN: 978-3-86883-050-7

Pospiech, Thomas
Dr. Joachim Becker
Christian G. Bock
David Mayer

Auto –
das große Sammelsurium

Eine glänzende Karosserie, ein starker Motor und vier Räder – viel mehr braucht es nicht, um Männeraugen zum Leuchten zu bringen. Schon im Kindesalter wird der Matchbox-Porsche gehegt und gepflegt wie ein geliebtes Haustier, und den Sonntag verbringen Vater und Sohn am liebsten mit Autowaschen oder Formel 1. Es ist eine lebenslängliche Leidenschaft . Doch ausgerechnet über Autos gibt es kein Sammelsurium. Der Gründer von GRIP, dem erfolgreichstem TV-Automagazin Deutschlands, hat nun in einem ebenso klugen wie unterhaltsamen Buch alles Interessante und Skurrile rund den Mythos auf vier Rädern zusammenzufasst.